AFRIKÁANS
VOCABULARIO

PALABRAS MÁS USADAS

ESPAÑOL-
AFRIKÁANS

Las palabras más útiles
Para expandir su vocabulario y refinar
sus habilidades lingüísticas

7000 palabras

Vocabulario Español-Afrikáans - 7000 palabras más usadas

por Andrey Taranov

Los vocabularios de T&P Books buscan ayudar en el aprendizaje, la memorización y la revisión de palabras de idiomas extranjeros. El diccionario se divide por temas, cubriendo toda la esfera de las actividades cotidianas, de negocios, ciencias, cultura, etc.

El proceso de aprendizaje de palabras utilizando los diccionarios temáticos de T&P Books le proporcionará a usted las siguientes ventajas:

- La información del idioma secundario está organizada claramente y predetermina el éxito para las etapas subsiguientes en la memorización de palabras.
- Las palabras derivadas de la misma raíz se agrupan, lo cual permite la memorización de grupos de palabras en vez de palabras aisladas.
- Las unidades pequeñas de palabras facilitan el proceso de reconocimiento de enlaces de asociación que se necesitan para la cohesión del vocabulario.
- De este modo, se puede estimar el número de palabras aprendidas y así también el nivel de conocimiento del idioma.

T&P Books Publishing
www.tpbooks.com

ISBN: 978-1-78716-492-5

Este libro está disponible en formato electrónico o de E-Book también.
Visite www.tpbooks.com o las librerías electrónicas más destacadas en la Red.

VOCABULARIO AFRIKÁANS
palabras más usadas

Los vocabularios de T&P Books buscan ayudar al aprendiz a aprender, memorizar y repasar palabras de idiomas extranjeros. Los vocabularios contienen más de 7000 palabras comúnmente usadas y organizadas de manera temática.

- El vocabulario contiene las palabras corrientes más usadas.
- Se recomienda como ayuda adicional a cualquier curso de idiomas.
- Capta las necesidades de aprendices de nivel principiante y avanzado.
- Es conveniente para uso cotidiano, prácticas de revisión y actividades de auto-evaluación.
- Facilita la evaluación del vocabulario.

Aspectos claves del vocabulario

- Las palabras se organizan según el significado, no según el orden alfabético.
- Las palabras se presentan en tres columnas para facilitar los procesos de repaso y auto-evaluación.
- Los grupos de palabras se dividen en pequeñas secciones para facilitar el proceso de aprendizaje.
- El vocabulario ofrece una transcripción sencilla y conveniente de cada palabra extranjera.

El vocabulario contiene 198 temas que incluyen lo siguiente:

Conceptos básicos, números, colores, meses, estaciones, unidades de medidas, ropa y accesorios, comida y nutrición, restaurantes, familia nuclear, familia extendida, características de personalidad, sentimientos, emociones, enfermedades, la ciudad y el pueblo, exploración del paisaje, compras, finanzas, la casa, el hogar, la oficina, el trabajo en oficina, importación y exportación, promociones, búsqueda de trabajo, deportes, educación, computación, la red, herramientas, la naturaleza, los países, las nacionalidades y más ...

TABLA DE CONTENIDO

GUÍA DE PRONUNCIACIÓN

T&P alfabeto fonético	Ejemplo afrikáans	Ejemplo español
[a]	land	radio
[ā]	straat	contraataque
[æ]	hout	vencer
[o], [ɔ]	Australië	bolsa
[e]	metaal	verano
[ɛ]	aanlê	mes
[ə]	filter	llave
[ɪ]	uur	abismo
[i]	billik	ilegal
[ï]	naïef	rápido
[o]	koppie	bordado
[ø]	akteur	alemán - Hölle
[œ]	fluit	alemán - Hölle
[u]	hulle	mundo
[ʊ]	hout	pulpo
[b]	bakker	en barco
[d]	donder	desierto
[f]	navraag	golf
[g]	burger	jugada
[h]	driehoek	registro
[j]	byvoeg	asiento
[k]	kamera	charco
[l]	loon	lira
[m]	môre	nombre
[n]	neef	sonar
[p]	pyp	precio
[r]	rigting	era, alfombra
[s]	oplos	salva
[t]	lood, tenk	torre
[v]	bewaar	travieso
[w]	oorwinnaar	acuerdo
[z]	zoem	desde
[dʒ]	enjin	jazz
[ʃ]	artisjok	shopping
[ɲ]	kans	manga
[tʃ]	tjek	mapache
[ʒ]	beige	adyacente
[x]	agent	reloj

ABREVIATURAS
usadas en el vocabulario

Abreviatura en español

adj	-	adjetivo
adv	-	adverbio
anim.	-	animado
conj	-	conjunción
etc.	-	etcétera
f	-	sustantivo femenino
f pl	-	femenino plural
fam.	-	uso familiar
fem.	-	femenino
form.	-	uso formal
inanim.	-	inanimado
innum.	-	innumerable
m	-	sustantivo masculino
m pl	-	masculino plural
m, f	-	masculino, femenino
masc.	-	masculino
mat	-	matemáticas
mil.	-	militar
num.	-	numerable
p.ej.	-	por ejemplo
pl	-	plural
pron	-	pronombre
sg	-	singular
v aux	-	verbo auxiliar
vi	-	verbo intransitivo
vi, vt	-	verbo intransitivo, verbo transitivo
vr	-	verbo reflexivo
vt	-	verbo transitivo

CONCEPTOS BÁSICOS

Conceptos básicos. Unidad 1

1. Los pronombres

yo	ek, my	[ɛk], [maj]
tú	jy	[jaj]
él	hy	[haj]
ella	sy	[saj]
ello	dit	[dit]
nosotros, -as	ons	[ɔŋs]
vosotros, -as	julle	[jullə]
Usted	u	[u]
Ustedes	u	[u]
ellos, ellas	hulle	[hullə]

2. Saludos. Salutaciones. Despedidas

¡Hola! (fam.)	Hallo!	[hallo!]
¡Hola! (form.)	Hallo!	[hallo!]
¡Buenos días!	Goeie môre!	[χuje mɔrə!]
¡Buenas tardes!	Goeiemiddag!	[χuje·middaχ!]
¡Buenas noches!	Goeienaand!	[χuje·nãnt!]
decir hola	dagsê	[daχsɛ:]
¡Hola! (a un amigo)	Hallo!	[hallo!]
saludo (m)	groet	[χrut]
saludar (vt)	groet	[χrut]
¿Cómo estás?	Hoe gaan dit?	[hu χãn dit?]
¿Cómo estáis?	Hoe gaan dit?	[hu χãn dit?]
¿Qué hay de nuevo?	Hoe gaan dit?	[hu χãn dit?]
¡Chau! ¡Adiós!	Totsiens!	[totsiŋs!]
¡Hasta la vista! (form.)	Totsiens!	[totsiŋs!]
¡Hasta la vista! (fam.)	Koebaai!	[kubãi!]
¡Hasta pronto!	Totsiens!	[totsiŋs!]
¡Adiós! (form.)	Vaarwel!	[fãrwel!]
despedirse (vr)	afskeid neem	[afskæjt neəm]
¡Hasta luego!	Koebaai!	[kubãi!]
¡Gracias!	Dankie!	[danki!]
¡Muchas gracias!	Baie dankie!	[baje danki!]
De nada	Plesier	[plesir]
No hay de qué	Plesier!	[plesir!]
De nada	Plesier	[plesir]

¡Disculpa!	Ekskuus!	[ɛkskɪs!]
¡Disculpe!	Verskoon my!	[ferskoən maj!]
disculpar (vt)	verskoon	[ferskoən]
disculparse (vr)	verskoning vra	[ferskoniŋ fra]
Mis disculpas	Verskoning	[ferskoniŋ]
¡Perdóneme!	Ek is jammer!	[ɛk is jammər!]
perdonar (vt)	vergewe	[ferχevə]
¡No pasa nada!	Maak nie saak nie!	[mãk ni sãk ni!]
por favor	asseblief	[asseblif]
¡No se le olvide!	Vergeet dit nie!	[ferχeət dit ni!]
¡Ciertamente!	Beslis!	[beslis!]
¡Claro que no!	Natuurlik nie!	[natɪrlik ni!]
¡De acuerdo!	OK!	[okej!]
¡Basta!	Dis genoeg!	[dis χenuχ!]

3. Números cardinales. Unidad 1

cero	nul	[nul]
uno	een	[eən]
dos	twee	[tweə]
tres	drie	[dri]
cuatro	vier	[fir]
cinco	vyf	[fajf]
seis	ses	[ses]
siete	sewe	[sevə]
ocho	ag	[aχ]
nueve	nege	[neχə]
diez	tien	[tin]
once	elf	[ɛlf]
doce	twaalf	[twãlf]
trece	dertien	[dertin]
catorce	veertien	[feərtin]
quince	vyftien	[fajftin]
dieciséis	sestien	[sestin]
diecisiete	sewetien	[sevətin]
dieciocho	agtien	[aχtin]
diecinueve	negetien	[neχetin]
veinte	twintig	[twintəχ]
veintiuno	een-en-twintig	[eən-en-twintəχ]
veintidós	twee-en-twintig	[tweə-en-twintəχ]
veintitrés	drie-en-twintig	[dri-en-twintəχ]
treinta	dertig	[dertəχ]
treinta y uno	een-en-dertig	[eən-en-dertəχ]
treinta y dos	twee-en-dertig	[tweə-en-dertəχ]
treinta y tres	drie-en-dertig	[dri-en-dertəχ]
cuarenta	veertig	[feərtəχ]
cuarenta y uno	een-en-veertig	[eən-en-feərtəχ]

cuarenta y dos	twee-en-veertig	[tweə-en-feərtəχ]
cuarenta y tres	vier-en-veertig	[fir-en-feərtəχ]
cincuenta	vyftig	[fajftəχ]
cincuenta y uno	een-en-vyftig	[eən-en-fajftəχ]
cincuenta y dos	twee-en-vyftig	[tweə-en-fajftəχ]
cincuenta y tres	drie-en-vyftig	[dri-en-fajftəχ]
sesenta	sestig	[sestəχ]
sesenta y uno	een-en-sestig	[eən-en-sestəχ]
sesenta y dos	twee-en-sestig	[tweə-en-sestəχ]
sesenta y tres	drie-en-sestig	[dri-en-sestəχ]
setenta	sewentig	[seventəχ]
setenta y uno	een-en-sewentig	[eən-en-seventəχ]
setenta y dos	twee-en-sewentig	[tweə-en-seventəχ]
setenta y tres	drie-en-sewentig	[dri-en-seventəχ]
ochenta	tagtig	[taχtəχ]
ochenta y uno	een-en-tagtig	[eən-en-taχtəχ]
ochenta y dos	twee-en-tagtig	[tweə-en-taχtəχ]
ochenta y tres	drie-en-tagtig	[dri-en-taχtəχ]
noventa	negentig	[neχentəχ]
noventa y uno	een-en-negentig	[eən-en-neχentəχ]
noventa y dos	twee-en-negentig	[tweə-en-neχentəχ]
noventa y tres	drie-en-negentig	[dri-en-neχentəχ]

4. Números cardinales. Unidad 2

cien	honderd	[hondərt]
doscientos	tweehonderd	[twee·hondərt]
trescientos	driehonderd	[dri·hondərt]
cuatrocientos	vierhonderd	[fir·hondərt]
quinientos	vyfhonderd	[fajf·hondərt]
seiscientos	seshonderd	[ses·hondərt]
setecientos	sewehonderd	[seve·hondərt]
ochocientos	aghonderd	[aχ·hondərt]
novecientos	negehonderd	[neχe·hondərt]
mil	duisend	[dœisent]
dos mil	tweeduisend	[twee·dœisent]
tres mil	drieduisend	[dri·dœisent]
diez mil	tienduisend	[tin·dœisent]
cien mil	honderdduisend	[hondərt·dajsent]
millón (m)	miljoen	[miljun]
mil millones	miljard	[miljart]

5. Números. Fracciones

fracción (f)	breuk	[brøək]
un medio	helfte	[hɛlftə]

| un tercio | derde | [derdə] |
| un cuarto | kwart | [kwart] |

un octavo	agste	[aχstə]
un décimo	tiende	[tində]
dos tercios	twee derde	[tweə derdə]
tres cuartos	driekwart	[drikwart]

6. Números. Operaciones básicas

sustracción (f)	aftrekking	[aftrɛkkiŋ]
sustraer (vt)	aftrek	[aftrek]
división (f)	deling	[deliŋ]
dividir (vt)	deel	[deəl]

adición (f)	optelling	[optɛlliŋ]
sumar (totalizar)	optel	[optəl]
adicionar (vt)	optel	[optəl]

| multiplicación (f) | vermenigvuldiging | [fermeniχ·fuldəχiŋ] |
| multiplicar (vt) | vermenigvuldig | [fermeniχ·fuldəχ] |

7. Números. Miscelánea

cifra (f)	syfer	[sajfər]
número (m) (~ cardinal)	nommer	[nommər]
numeral (m)	telwoord	[tɛlwoert]
menos (m)	minusteken	[minus·tekən]

| más (m) | plusteken | [plus·tekən] |
| fórmula (f) | formule | [formulə] |

| cálculo (m) | berekening | [berekeniŋ] |
| contar (vt) | tel | [təl] |

| calcular (vt) | optel | [optəl] |
| comparar (vt) | vergelyk | [ferχəlajk] |

| ¿Cuánto? | Hoeveel? | [hufeəl?] |
| suma (f) | som, totaal | [som], [totāl] |

| resultado (m) | resultaat | [resultāt] |
| resto (m) | oorskot | [oərskot] |

poco (adv)	min	[min]
resto (m)	die res	[di res]
docena (f)	dosyn	[dosajn]

en dos	middeldeur	[middəldøer]
en partes iguales	gelyk	[χelajk]
mitad (f)	helfte	[hɛlftə]
vez (f)	maal	[māl]

8. Los verbos más importantes. Unidad 1

abrir (vt)	oopmaak	[oəpmāk]
acabar, terminar (vt)	klaarmaak	[klārmāk]
aconsejar (vt)	aanraai	[ānrāi]
adivinar (vt)	raai	[rāi]
advertir (vt)	waarsku	[vārsku]
alabarse, jactarse (vr)	spog	[spoχ]
almorzar (vi)	gaan eet	[χān eət]
alquilar (~ una casa)	huur	[hɪr]
amenazar (vt)	dreig	[dræjχ]
arrepentirse (vr)	jammer wees	[jammər veəs]
ayudar (vt)	help	[hɛlp]
bañarse (vr)	gaan swem	[χān swem]
bromear (vi)	grappies maak	[χrappis māk]
buscar (vt)	soek ...	[suk ...]
caer (vi)	val	[fal]
callarse (vr)	stilbly	[stilblaj]
cambiar (vt)	verander	[ferandər]
castigar, punir (vt)	straf	[straf]
cavar (vt)	grawe	[χravə]
cazar (vi, vt)	jag	[jaχ]
cenar (vi)	aandete gebruik	[āndetə χebrœik]
cesar (vt)	ophou	[ophæʊ]
coger (vt)	vang	[faŋ]
comenzar (vt)	begin	[beχin]
comparar (vt)	vergelyk	[ferχəlajk]
comprender (vt)	verstaan	[ferstān]
confiar (vt)	vertrou	[fertræʊ]
confundir (vt)	verwar	[ferwar]
conocer (~ a alguien)	ken	[ken]
contar (vt) (enumerar)	tel	[təl]
contar con ...	reken op ...	[reken op ...]
continuar (vt)	aangaan	[ānχān]
controlar (vt)	kontroleer	[kontroleər]
correr (vi)	hardloop	[hardloəp]
costar (vt)	kos	[kos]
crear (vt)	skep	[skep]

9. Los verbos más importantes. Unidad 2

dar (vt)	gee	[χeə]
decir (vt)	sê	[sɛ:]
decorar (para la fiesta)	versier	[fersir]
defender (vt)	verdedig	[ferdedəχ]
dejar caer	laat val	[lāt fal]
desayunar (vi)	ontbyt	[ontbajt]

descender (vi)	afkom	[afkom]
dirigir (administrar)	beheer	[beheər]
disculpar (vt)	verskoon	[ferskoən]
disculparse (vr)	verskoning vra	[ferskoniŋ fra]
discutir (vt)	bespreek	[bespreek]
dudar (vt)	twyfel	[twajfəl]

encontrar (hallar)	vind	[fint]
engañar (vi, vt)	bedrieg	[bedrəχ]
entrar (vi)	binnegaan	[binnəχān]
enviar (vt)	stuur	[stɪr]

escoger (vt)	kies	[kis]
esconder (vt)	wegsteek	[veχsteək]
escribir (vt)	skryf	[skrajf]
esperar (aguardar)	wag	[vaχ]

esperar (tener esperanza)	hoop	[hoəp]
estar (vi)	wees	[veəs]
estar de acuerdo	saamstem	[sāmstem]
estudiar (vt)	studeer	[studeər]

exigir (vt)	eis	[æjs]
existir (vi)	bestaan	[bestān]
explicar (vt)	verduidelik	[ferdœidəlik]
faltar (a las clases)	bank	[bank]
firmar (~ el contrato)	teken	[tekən]

girar (~ a la izquierda)	draai	[drāi]
gritar (vi)	skreeu	[skriʊ]
guardar (conservar)	bewaar	[bevār]
gustar (vi)	hou van	[hæʊ fan]
hablar (vi, vt)	praat	[prāt]

hacer (vt)	doen	[dun]
informar (vt)	in kennis stel	[in kɛnnis stəl]
insistir (vi)	aandring	[āndriŋ]
insultar (vt)	beledig	[beledəχ]

interesarse (vr)	belangstel in ...	[belaŋstəl in ...]
invitar (vt)	uitnooi	[œitnoj]
ir (a pie)	gaan	[χān]
jugar (divertirse)	speel	[speəl]

10. Los verbos más importantes. Unidad 3

leer (vi, vt)	lees	[leəs]
liberar (ciudad, etc.)	bevry	[befraj]
llamar (por ayuda)	roep	[rup]
llegar (vi)	aankom	[ānkom]
llorar (vi)	huil	[hœil]

matar (vt)	doodmaak	[doədmāk]
mencionar (vt)	verwys na	[ferwajs na]

mostrar (vt)	wys	[vajs]
nadar (vi)	swem	[swem]
negarse (vr)	weier	[væjer]
objetar (vt)	beswaar maak	[beswãr mãk]
observar (vt)	waarneem	[vãrneəm]
oír (vt)	hoor	[hoər]
olvidar (vt)	vergeet	[ferχeət]
orar (vi)	bid	[bit]
ordenar (mil.)	beveel	[befeəl]
pagar (vi, vt)	betaal	[betãl]
pararse (vr)	stilhou	[stilhæʋ]
participar (vi)	deelneem	[deəlneəm]
pedir (ayuda, etc.)	vra	[fra]
pedir (en restaurante)	bestel	[bestəl]
pensar (vi, vt)	dink	[dink]
percibir (ver)	raaksien	[rãksin]
perdonar (vt)	vergewe	[ferχevə]
permitir (vt)	toestaan	[tustãn]
pertenecer a ...	behoort aan ...	[behoərt ãn ...]
planear (vt)	beplan	[beplan]
poder (v aux)	kan	[kan]
poseer (vt)	besit	[besit]
preferir (vt)	verkies	[ferkis]
preguntar (vt)	vra	[fra]
preparar (la cena)	kook	[koək]
prever (vt)	voorsien	[foərsin]
probar, tentar (vt)	probeer	[probeər]
prometer (vt)	beloof	[beloəf]
pronunciar (vt)	uitspreek	[œitspreək]
proponer (vt)	voorstel	[foərstəl]
quebrar (vt)	breek	[breək]
quejarse (vr)	kla	[kla]
querer (amar)	liefhê	[lifhɛ:]
querer (desear)	wil	[vil]

11. Los verbos más importantes. Unidad 4

recomendar (vt)	aanbeveel	[ãnbefeəl]
regañar, reprender (vt)	uitvaar teen	[œitfãr teən]
reírse (vr)	lag	[laχ]
repetir (vt)	herhaal	[herhãl]
reservar (~ una mesa)	bespreek	[bespreək]
responder (vi, vt)	antwoord	[antwoərt]
robar (vt)	steel	[steəl]
saber (~ algo mas)	weet	[veət]
salir (vi)	uitgaan	[œitχãn]

salvar (vt)	red	[ret]
seguir ...	volg ...	[folχ ...]
sentarse (vr)	gaan sit	[χãn sit]
ser (vi)	wees	[veəs]
ser necesario	nodig wees	[nodəχ veəs]
significar (vt)	beteken	[betekən]
sonreír (vi)	glimlag	[χlimlaχ]
sorprenderse (vr)	verbaas wees	[ferbãs veəs]
subestimar (vt)	onderskat	[ondərskat]
tener (vt)	hê	[hɛ:]
tener hambre	honger wees	[hoŋər veəs]
tener miedo	bang wees	[baŋ veəs]
tener prisa	opskud	[opskut]
tener sed	dors wees	[dors veəs]
tirar, disparar (vi)	skiet	[skit]
tocar (con las manos)	aanraak	[ãnrãk]
tomar (vt)	vat	[fat]
tomar nota	opskryf	[opskrajf]
trabajar (vi)	werk	[verk]
traducir (vt)	vertaal	[fertãl]
unir (vt)	verenig	[ferenəχ]
vender (vt)	verkoop	[ferkoəp]
ver (vt)	sien	[sin]
volar (pájaro, avión)	vlieg	[fliχ]

12. Los colores

color (m)	kleur	[kløər]
matiz (m)	skakering	[skakeriŋ]
tono (m)	tint	[tint]
arco (m) iris	reënboog	[reɛn·boəχ]
blanco (adj)	wit	[vit]
negro (adj)	swart	[swart]
gris (adj)	grys	[χrajs]
verde (adj)	groen	[χrun]
amarillo (adj)	geel	[χeəl]
rojo (adj)	rooi	[roj]
azul (adj)	blou	[blæʊ]
azul claro (adj)	ligblou	[liχ·blæʊ]
rosa (adj)	pienk	[pink]
naranja (adj)	oranje	[oranje]
violeta (adj)	pers	[pers]
marrón (adj)	bruin	[brœin]
dorado (adj)	goue	[χæʊə]
argentado (adj)	silweragtig	[silweraχtəχ]
beige (adj)	beige	[bɛ:iʒ]

crema (adj)	roomkleurig	[roəm·kløərəx]
turquesa (adj)	turkoois	[turkojs]
rojo cereza (adj)	kersierooi	[kersi·roj]
lila (adj)	lila	[lila]
carmesí (adj)	karmosyn	[karmosajn]

claro (adj)	lig	[lix]
oscuro (adj)	donker	[donkər]
vivo (adj)	helder	[hɛldər]

de color (lápiz ~)	kleurig	[kløərəx]
en colores (película ~)	kleur	[kløər]
blanco y negro (adj)	swart-wit	[swart-wit]
unicolor (adj)	effe	[ɛffə]
multicolor (adj)	veelkleurig	[feəlkløərəx]

13. Las preguntas

¿Quién?	Wie?	[vi?]
¿Qué?	Wat?	[vat?]
¿Dónde?	Waar?	[vār?]
¿Adónde?	Waarheen?	[vārheən?]
¿De dónde?	Waarvandaan?	[vārfandān?]
¿Cuándo?	Wanneer?	[vanneər?]
¿Para qué?	Hoekom?	[hukom?]
¿Por qué?	Hoekom?	[hukom?]

¿Por qué razón?	Vir wat?	[fir vat?]
¿Cómo?	Hoe?	[hu?]
¿Qué ...? (~ color)	Watter?	[vattər?]
¿Cuál?	Watter een?	[vattər eən?]

¿A quién?	Vir wie?	[fir vi?]
¿De quién? (~ hablan ...)	Oor wie?	[oər vi?]
¿De qué?	Oor wat?	[oər vat?]
¿Con quién?	Met wie?	[met vi?]
¿Cuánto?	Hoeveel?	[hufeəl?]

14. Las palabras útiles. Los adverbios. Unidad 1

¿Dónde?	Waar?	[vār?]
aquí (adv)	hier	[hir]
allí (adv)	daar	[dār]

| en alguna parte | êrens | [ærɛŋs] |
| en ninguna parte | nêrens | [nærɛŋs] |

| junto a ... | by | [baj] |
| junto a la ventana | by | [baj] |

| ¿A dónde? | Waarheen? | [vārheən?] |
| aquí (venga ~) | hier | [hir] |

allí (vendré ~)	soontoe	[soentu]
de aquí (adv)	hiervandaan	[hirfandãn]
de allí (adv)	daarvandaan	[dãrfandãn]

| cerca (no lejos) | naby | [nabaj] |
| lejos (adv) | ver | [fer] |

cerca de ...	naby	[nabaj]
al lado (de ...)	naby	[nabaj]
no lejos (adv)	nie ver nie	[ni fər ni]

izquierdo (adj)	linker-	[linkər-]
a la izquierda (situado ~)	op linkerhand	[op linkərhant]
a la izquierda (girar ~)	na links	[na links]

derecho (adj)	regter	[reχtər]
a la derecha (situado ~)	op regterhand	[op reχtərhant]
a la derecha (girar)	na regs	[na reχs]

delante (yo voy ~)	voor	[foər]
delantero (adj)	voorste	[foərstə]
adelante (movimiento)	vooruit	[foərœit]

detrás de ...	agter	[aχtər]
desde atrás	van agter	[fan aχtər]
atrás (da un paso ~)	agtertoe	[aχtərtu]

| centro (m), medio (m) | middel | [middəl] |
| en medio (adv) | in die middel | [in di middəl] |

de lado (adv)	op die sykant	[op di sajkant]
en todas partes	orals	[orals]
alrededor (adv)	orals rond	[orals ront]

de dentro (adv)	van binne	[fan binnə]
a alguna parte	êrens	[ærɛŋs]
todo derecho (adv)	reguit	[reχœit]
atrás (muévelo para ~)	terug	[teruχ]

| de alguna parte (adv) | êrens vandaan | [ærɛŋs fandãn] |
| no se sabe de dónde | êrens vandaan | [ærɛŋs fandãn] |

primero (adv)	in die eerste plek	[in di eərstə plek]
segundo (adv)	in die tweede plek	[in di tweədə plek]
tercero (adv)	in die derde plek	[in di derdə plek]

de súbito (adv)	skielik	[skilik]
al principio (adv)	aan die begin	[ãn di beχin]
por primera vez	vir die eerste keer	[fir di eərstə keər]
mucho tiempo antes ...	lank voordat ...	[lank foərdat ...]
de nuevo (adv)	opnuut	[opnɪt]
para siempre (adv)	vir goed	[fir χut]

jamás, nunca (adv)	nooit	[nojt]
de nuevo (adv)	weer	[veər]
ahora (adv)	nou	[næʊ]

frecuentemente (adv)	dikwels	[dikwɛls]
entonces (adv)	toe	[tu]
urgentemente (adv)	dringend	[driŋən]
usualmente (adv)	gewoonlik	[χevoənlik]

a propósito, ...	terloops, ...	[terloəps], [...]
es probable	moontlik	[moentlik]
probablemente (adv)	waarskynlik	[vārskajnlik]
tal vez	dalk	[dalk]
además ...	trouens ...	[træʊɛŋs ...]
por eso ...	dis hoekom ...	[dis hukom ...]
a pesar de ...	ondanks ...	[ondanks ...]
gracias a ...	danksy ...	[danksaj ...]

qué (pron)	wat	[vat]
que (conj)	dat	[dat]
algo (~ le ha pasado)	iets	[its]
algo (~ así)	iets	[its]
nada (f)	niks	[niks]

quien	wie	[vi]
alguien (viene ~)	iemand	[imant]
alguien (¿ha llamado ~?)	iemand	[imant]

nadie	niemand	[nimant]
a ninguna parte	nêrens	[nærɛŋs]
de nadie	niemand se	[nimant sə]
de alguien	iemand se	[imant sə]

tan, tanto (adv)	so	[so]
también (~ habla francés)	ook	[oək]
también (p.ej. Yo ~)	ook	[oək]

15. Las palabras útiles. Los adverbios. Unidad 2

¿Por qué?	Waarom?	[vārom?]
porque ...	omdat ...	[omdat ...]

y (p.ej. uno y medio)	en	[ɛn]
o (p.ej. té o café)	of	[of]
pero (p.ej. me gusta, ~)	maar	[mār]
para (p.ej. es para ti)	vir	[fir]

demasiado (adv)	te	[te]
sólo, solamente (adv)	net	[net]
exactamente (adv)	presies	[presis]
unos ..., cerca de ... (~ 10 kg)	ongeveer	[onχəfeər]

aproximadamente	ongeveer	[onχəfeər]
aproximado (adj)	geraamde	[χerāmdə]
casi (adv)	amper	[ampər]
resto (m)	die res	[di res]
el otro (adj)	die ander	[di andər]

otro (p.ej. el otro día)	ander	[andər]
cada (adj)	elke	[ɛlkə]
cualquier (adj)	enige	[ɛniχə]
mucho (adv)	baie	[baje]
muchos (mucha gente)	baie mense	[baje mɛŋsə]
todos	almal	[almal]

a cambio de ...	in ruil vir ...	[in rœil fir ...]
en cambio (adv)	as vergoeding	[as ferχudiŋ]
a mano (hecho ~)	met die hand	[met di hant]
poco probable	skaars	[skārs]

probablemente	waarskynlik	[vārskajnlik]
a propósito (adv)	opsetlik	[opsetlik]
por accidente (adv)	toevallig	[tufalləχ]

muy (adv)	baie	[baje]
por ejemplo (adv)	byvoorbeeld	[bajfoərbeəlt]
entre (~ nosotros)	tussen	[tussən]
entre (~ otras cosas)	tussen	[tussən]
tanto (~ gente)	so baie	[so baje]
especialmente (adv)	veral	[feral]

Conceptos básicos. Unidad 2

16. Los días de la semana

lunes (m)	Maandag	[mãndaχ]
martes (m)	Dinsdag	[dinsdaχ]
miércoles (m)	Woensdag	[voɛŋsdaχ]
jueves (m)	Donderdag	[dondərdaχ]
viernes (m)	Vrydag	[frajdaχ]
sábado (m)	Saterdag	[satərdaχ]
domingo (m)	Sondag	[sondaχ]

hoy (adv)	vandag	[fandaχ]
mañana (adv)	môre	[mɔrə]
pasado mañana	oormôre	[oərmɔrə]
ayer (adv)	gister	[χistər]
anteayer (adv)	eergister	[eərχistər]

día (m)	dag	[daχ]
día (m) de trabajo	werksdag	[verks·daχ]
día (m) de fiesta	openbare vakansiedag	[openbarə fakaŋsi·daχ]
día (m) de descanso	verlofdag	[ferlofdaχ]
fin (m) de semana	naweek	[naveək]

todo el día	die hele dag	[di helə daχ]
al día siguiente	die volgende dag	[di folχendə daχ]
dos días atrás	twee dae gelede	[tweə daə χeledə]
en vísperas (adv)	die dag voor	[di daχ foər]
diario (adj)	daeliks	[daəliks]
cada día (adv)	elke dag	[ɛlkə daχ]

semana (f)	week	[veək]
semana (f) pasada	laas week	[lãs veək]
semana (f) que viene	volgende week	[folχendə veək]
semanal (adj)	weekliks	[veəkliks]
cada semana (adv)	weekliks	[veəkliks]
todos los martes	elke Dinsdag	[ɛlkə dinsdaχ]

17. Las horas. El día y la noche

mañana (f)	oggend	[oχent]
por la mañana	soggens	[soχɛŋs]
mediodía (m)	middag	[middaχ]
por la tarde	in die namiddag	[in di namiddaχ]

noche (f)	aand	[ãnt]
por la noche	saans	[sãŋs]
noche (f) (p.ej. 2:00 a.m.)	nag	[naχ]

| por la noche | snags | [snaχs] |
| medianoche (f) | middernag | [middərnaχ] |

segundo (m)	sekonde	[sekondə]
minuto (m)	minuut	[minɪt]
hora (f)	uur	[ɪr]
media hora (f)	n halfuur	[n halfɪr]
quince minutos	vyftien minute	[fajftin minutə]
veinticuatro horas	24 ure	[fir-en-twintəχ urə]

salida (f) del sol	sonop	[son·op]
amanecer (m)	daeraad	[daerãt]
madrugada (f)	elke oggend	[ɛlkə oχent]
puesta (f) del sol	sononder	[son·ondər]

de madrugada	vroegdag	[fruχdaχ]
esta mañana	vanmôre	[fanmɔrə]
mañana por la mañana	môreoggend	[mɔrə·oχent]

esta tarde	vanmiddag	[fanmiddaχ]
por la tarde	in die namiddag	[in di namiddaχ]
mañana por la tarde	môremiddag	[mɔrə·middaχ]

| esta noche (p.ej. 8:00 p.m.) | vanaand | [fanãnt] |
| mañana por la noche | môreaand | [mɔrə·ãnt] |

a las tres en punto	klokslag 3 uur	[klokslaχ dri ɪr]
a eso de las cuatro	omstreeks 4 uur	[omstreəks fir ɪr]
para las doce	teen 12 uur	[teən twalf ɪr]

| dentro de veinte minutos | oor twintig minute | [oər twintəχ minutə] |
| a tiempo (adv) | betyds | [betajds] |

... menos cuarto	kwart voor ...	[kwart foər ...]
cada quince minutos	elke 15 minute	[ɛlkə fajftin minutə]
día y noche	24 uur per dag	[fir-en-twintəχ pər daχ]

18. Los meses. Las estaciones

enero (m)	Januarie	[januari]
febrero (m)	Februarie	[februari]
marzo (m)	Maart	[mãrt]
abril (m)	April	[april]
mayo (m)	Mei	[mæj]
junio (m)	Junie	[juni]

julio (m)	Julie	[juli]
agosto (m)	Augustus	[ɔuχustus]
septiembre (m)	September	[septembər]
octubre (m)	Oktober	[oktobər]
noviembre (m)	November	[nofembər]
diciembre (m)	Desember	[desembər]
primavera (f)	lente	[lentə]
en primavera	in die lente	[in di lentə]

de primavera (adj)	lente-	[lente-]
verano (m)	somer	[somər]
en verano	in die somer	[in di somər]
de verano (adj)	somerse	[somersə]

otoño (m)	herfs	[herfs]
en otoño	in die herfs	[in di herfs]
de otoño (adj)	herfsagtige	[herfsaχtiχə]

invierno (m)	winter	[vintər]
en invierno	in die winter	[in di vintər]
de invierno (adj)	winter-	[vintər-]

mes (m)	maand	[mānt]
este mes	hierdie maand	[hirdi mānt]
al mes siguiente	volgende maand	[folχendə mānt]
el mes pasado	laasmaand	[lāsmānt]

| dentro de dos meses | oor twe maande | [oər twe māndə] |
| todo el mes | die hele maand | [di helə mānt] |

mensual (adj)	maandeliks	[māndəliks]
mensualmente (adv)	maandeliks	[māndəliks]
cada mes	elke maand	[ɛlkə mānt]

año (m)	jaar	[jār]
este año	hierdie jaar	[hirdi jār]
el próximo año	volgende jaar	[folχendə jār]
el año pasado	laasjaar	[lāʃār]

| dentro de dos años | binne twee jaar | [binnə tweə jār] |
| todo el año | die hele jaar | [di helə jār] |

cada año	elke jaar	[ɛlkə jār]
anual (adj)	jaarliks	[jārliks]
anualmente (adv)	jaarliks	[jārliks]
cuatro veces por año	4 keer per jaar	[fir keər pər jār]

fecha (f) (la ~ de hoy es ...)	datum	[datum]
fecha (f) (~ de entrega)	datum	[datum]
calendario (m)	kalender	[kalendər]

seis meses	ses maande	[ses māndə]
estación (f)	seisoen	[sæjsun]
siglo (m)	eeu	[iʊ]

19. La hora. Miscelánea

tiempo (m)	tyd	[tajt]
momento (m)	moment	[moment]
instante (m)	oomblik	[oəmblik]
instantáneo (adj)	oombliklik	[oəmbliklik]
lapso (m) de tiempo	tydbestek	[tajdbestək]
vida (f)	lewe	[levə]

eternidad (f)	ewigheid	[ɛviχæjt]
época (f)	tydperk	[tajtperk]
era (f)	tydperk	[tajtperk]
ciclo (m)	siklus	[siklus]
período (m)	periode	[periodə]
plazo (m) (~ de tres meses)	termyn	[termajn]

futuro (m)	die toekoms	[di tukoms]
futuro (adj)	toekomstig	[tukomstəχ]
la próxima vez	die volgende keer	[di folχendə keər]
pasado (m)	die verlede	[di ferledə]
pasado (adj)	laas-	[lās-]
la última vez	die vorige keer	[di foriχə keər]

más tarde (adv)	later	[latər]
después	na	[na]
actualmente (adv)	deesdae	[deəsdaə]
ahora (adv)	nou	[næʊ]
inmediatamente	onmiddellik	[onmiddɛllik]
pronto (adv)	gou	[χæʊ]
de antemano (adv)	by voorbaat	[baj foərbāt]

hace mucho tiempo	lank gelede	[lank χeledə]
hace poco (adv)	onlangs	[onlaŋs]
destino (m)	noodlot	[noədlot]
recuerdos (m pl)	herinneringe	[herinneriŋə]
archivo (m)	argiewe	[arχivə]

durante …	gedurende …	[χedurendə …]
mucho tiempo (adv)	lank	[lank]
poco tiempo (adv)	nie lank nie	[ni lank ni]
temprano (adv)	vroeg	[fruχ]
tarde (adv)	laat	[lāt]

para siempre (adv)	vir altyd	[fir altajt]
comenzar (vt)	begin	[beχin]
aplazar (vt)	uitstel	[œitstəl]

simultáneamente	tegelykertyd	[teχelajkertajt]
permanentemente	permanent	[permanent]
constante (ruido, etc.)	voortdurend	[foərtdurent]
temporal (adj)	tydelik	[tajdelik]

a veces (adv)	soms	[soms]
raramente (adv)	selde	[sɛldə]
frecuentemente	dikwels	[dikwɛls]

20. Los opuestos

rico (adj)	ryk	[rajk]
pobre (adj)	arm	[arm]

enfermo (adj)	siek	[sik]
sano (adj)	gesond	[χesont]

| grande (adj) | groot | [χroət] |
| pequeño (adj) | klein | [klæjn] |

| rápidamente (adv) | vinnig | [finnəχ] |
| lentamente (adv) | stadig | [stadəχ] |

| rápido (adj) | vinnig | [finnəχ] |
| lento (adj) | stadig | [stadəχ] |

| alegre (adj) | bly | [blaj] |
| triste (adj) | droewig | [druvəχ] |

| juntos (adv) | saam | [sãm] |
| separadamente | afsonderlik | [afsondərlik] |

| en voz alta | hardop | [hardop] |
| en silencio | stil | [stil] |

| alto (adj) | groot | [χroət] |
| bajo (adj) | laag | [lãχ] |

| profundo (adj) | diep | [dip] |
| poco profundo (adj) | vlak | [flak] |

| sí | ja | [ja] |
| no | nee | [neə] |

| lejano (adj) | ver | [fer] |
| cercano (adj) | naby | [nabaj] |

| lejos (adv) | ver | [fer] |
| cerco (adv) | naby | [nabaj] |

| largo (adj) | lang | [laŋ] |
| corto (adj) | kort | [kort] |

| bueno (de buen corazón) | vriendelik | [frindəlik] |
| malvado (adj) | boos | [boəs] |

| casado (adj) | getroud | [χetræʊt] |
| soltero (adj) | ongetroud | [onχətræʊt] |

| prohibir (vt) | verbied | [ferbit] |
| permitir (vt) | toestaan | [tustãn] |

| fin (m) | einde | [æjndə] |
| principio (m) | begin | [beχin] |

| izquierdo (adj) | linker- | [linkər-] |
| derecho (adj) | regter | [reχtər] |

| primero (adj) | eerste | [eərstə] |
| último (adj) | laaste | [lãstə] |

| crimen (m) | misdaad | [misdãt] |
| castigo (m) | straf | [straf] |

| ordenar (vt) | beveel | [befeəl] |
| obedecer (vi, vt) | gehoorsaam | [χehoərsām] |

| recto (adj) | reguit | [reχœit] |
| curvo (adj) | krom | [krom] |

| paraíso (m) | paradys | [paradajs] |
| infierno (m) | hel | [həl] |

| nacer (vi) | gebore word | [χeborə vort] |
| morir (vi) | doodgaan | [doədχān] |

| fuerte (adj) | sterk | [sterk] |
| débil (adj) | swak | [swak] |

| viejo (adj) | oud | [æʊt] |
| joven (adj) | jong | [joŋ] |

| viejo (adj) | ou | [æʊ] |
| nuevo (adj) | nuwe | [nuvə] |

| duro (adj) | hard | [hart] |
| blando (adj) | sag | [saχ] |

| tibio (adj) | warm | [varm] |
| frío (adj) | koud | [kæʊt] |

| gordo (adj) | vet | [fet] |
| delgado (adj) | dun | [dun] |

| estrecho (adj) | smal | [smal] |
| ancho (adj) | wyd | [vajt] |

| bueno (adj) | goed | [χut] |
| malo (adj) | sleg | [sleχ] |

| valiente (adj) | dapper | [dappər] |
| cobarde (adj) | lafhartig | [lafhartəχ] |

21. Las líneas y las formas

cuadrado (m)	vierkant	[firkant]
cuadrado (adj)	vierkantig	[firkantəχ]
círculo (m)	sirkel	[sirkəl]
redondo (adj)	rond	[ront]
triángulo (m)	driehoek	[drihuk]
triangular (adj)	driehoekig	[drihukəχ]

óvalo (m)	ovaal	[ofāl]
oval (adj)	ovaal	[ofāl]
rectángulo (m)	reghoek	[reχhuk]
rectangular (adj)	reghoekig	[reχhukəχ]
pirámide (f)	piramide	[piramidə]
rombo (m)	ruit	[rœit]

trapecio (m)	trapesoïed	[trapesoïət]
cubo (m)	kubus	[kubus]
prisma (m)	prisma	[prisma]

circunferencia (f)	omtrek	[omtrək]
esfera (f)	sfeer	[sfeər]
globo (m)	bal	[bal]
diámetro (m)	diameter	[diametər]
radio (f)	straal	[strāl]
perímetro (m)	omtrek	[omtrək]
centro (m)	sentrum	[sentrum]

horizontal (adj)	horisontaal	[horisontāl]
vertical (adj)	vertikaal	[fertikāl]
paralela (f)	parallel	[paralləl]
paralelo (adj)	parallel	[paralləl]

línea (f)	lyn	[lajn]
trazo (m)	haal	[hāl]
recta (f)	regte lyn	[reχtə lajn]
curva (f)	krom	[krom]
fino (la ~a línea)	dun	[dun]
contorno (m)	omtrek	[omtrək]

intersección (f)	snypunt	[snaj·punt]
ángulo (m) recto	regte hoek	[reχtə huk]
segmento (m)	segment	[seχment]
sector (m)	sektor	[sektor]
lado (m)	sy	[saj]
ángulo (m)	hoek	[huk]

22. Las unidades de medida

peso (m)	gewig	[χevəχ]
longitud (f)	lengte	[leŋtə]
anchura (f)	breedte	[breedtə]
altura (f)	hoogte	[hoəχtə]
profundidad (f)	diepte	[diptə]
volumen (m)	volume	[folumə]
área (f)	area	[area]

gramo (m)	gram	[χram]
miligramo (m)	milligram	[milliχram]
kilogramo (m)	kilogram	[kiloχram]
tonelada (f)	ton	[ton]
libra (f)	pond	[pont]
onza (f)	ons	[ɔŋs]

metro (m)	meter	[metər]
milímetro (m)	millimeter	[millimetər]
centímetro (m)	sentimeter	[sentimetər]
kilómetro (m)	kilometer	[kilometər]
milla (f)	myl	[majl]
pulgada (f)	duim	[dœim]

| pie (m) | voet | [fut] |
| yarda (f) | jaart | [jãrt] |

| metro (m) cuadrado | vierkante meter | [firkantə metər] |
| hectárea (f) | hektaar | [hektãr] |

litro (m)	liter	[litər]
grado (m)	graad	[χrãt]
voltio (m)	volt	[folt]
amperio (m)	ampère	[ampɛːr]
caballo (m) de fuerza	perdekrag	[perdə·kraχ]

cantidad (f)	hoeveelheid	[hufeəlhæjt]
mitad (f)	helfte	[hɛlftə]
docena (f)	dosyn	[dosajn]
pieza (f)	stuk	[stuk]

| dimensión (f) | grootte | [χroəttə] |
| escala (f) (del mapa) | skaal | [skãl] |

mínimo (adj)	minimaal	[minimãl]
el más pequeño (adj)	die kleinste	[di klæjnstə]
medio (adj)	medium	[medium]
máximo (adj)	maksimaal	[maksimãl]
el más grande (adj)	die grootste	[di χroətstə]

23. Contenedores

tarro (m) de vidrio	glaspot	[χlas·pot]
lata (f) de hojalata	blikkie	[blikki]
cubo (m)	emmer	[ɛmmər]
barril (m)	drom	[drom]

palangana (f)	wasbak	[vas·bak]
tanque (m)	tenk	[tɛnk]
petaca (f) (de alcohol)	heupfles	[høəp·fles]
bidón (m) de gasolina	petrolblik	[petrol·blik]
cisterna (f)	tenk	[tɛnk]

taza (f) (mug de cerámica)	beker	[bekər]
taza (f) (~ de café)	koppie	[koppi]
platillo (m)	piering	[pirin]

vaso (m) (~ de agua)	glas	[χlas]
copa (f) (~ de vino)	wynglas	[vajn·χlas]
olla (f)	soppot	[sop·pot]

| botella (f) | bottel | [bottəl] |
| cuello (m) de botella | nek | [nek] |

garrafa (f)	kraffie	[kraffi]
jarro (m) (~ de agua)	kruik	[krœik]
recipiente (m)	houer	[hæʋər]
tarro (m)	pot	[pot]

florero (m)	vaas	[fãs]
frasco (m) (~ de perfume)	bottel	[bottəl]
frasquito (m)	botteltjie	[bottɛlki]
tubo (m)	buisie	[bœisi]
saco (m) (~ de azúcar)	sak	[sak]
bolsa (f) (~ plástica)	sak	[sak]
paquete (m) (~ de cigarrillos)	pakkie	[pakki]
caja (f)	kartondoos	[karton·does]
cajón (m) (~ de madera)	krat	[krat]
cesta (f)	mandjie	[mandʒi]

24. Materiales

material (f)	boustof	[bæʊstof]
madera (f)	hout	[hæʊt]
de madera (adj)	hout-	[hæʊt-]
vidrio (m)	glas	[χlas]
de vidrio (adj)	glas-	[χlas-]
piedra (f)	klip	[klip]
de piedra (adj)	klip-	[klip-]
plástico (m)	plastiek	[plastik]
de plástico (adj)	plastiek-	[plastik-]
goma (f)	rubber	[rubbər]
de goma (adj)	rubber-	[rubbər-]
tela (m)	materiaal	[materiãl]
de tela (adj)	materiaal-	[materiãl-]
papel (m)	papier	[papir]
de papel (adj)	papier-	[papir-]
cartón (m)	karton	[karton]
de cartón (adj)	karton-	[karton-]
polietileno (m)	politeen	[politeən]
celofán (m)	sellofaan	[sɛllofãn]
linóleo (m)	linoleum	[linoløəm]
contrachapado (m)	laaghout	[lãχhæʊt]
porcelana (f)	porselein	[porselæjn]
de porcelana (adj)	porselein-	[porselæjn-]
arcilla (f), barro (m)	klei	[klæj]
de barro (adj)	klei-	[klæj-]
cerámica (f)	keramiek	[keramik]
de cerámica (adj)	keramiek-	[keramik-]

25. Los metales

metal (m)	metaal	[metāl]
metálico (adj)	metaal-	[metāl-]
aleación (f)	allooi	[alloj]
oro (m)	goud	[xæʊt]
de oro (adj)	goue	[xæʊə]
plata (f)	silwer	[silwər]
de plata (adj)	silwer-	[silwər-]
hierro (m)	yster	[ajstər]
de hierro (adj)	yster-	[ajstər-]
acero (m)	staal	[stāl]
de acero (adj)	staal-	[stāl-]
cobre (m)	koper	[kopər]
de cobre (adj)	koper-	[kopər-]
aluminio (m)	aluminium	[aluminium]
de aluminio (adj)	aluminium-	[aluminium-]
bronce (m)	brons	[brɔŋs]
de bronce (adj)	brons-	[brɔŋs-]
latón (m)	geelkoper	[xeəl·kopər]
níquel (m)	nikkel	[nikkəl]
platino (m)	platinum	[platinum]
mercurio (m)	kwik	[kwik]
estaño (m)	tin	[tin]
plomo (m)	lood	[loət]
zinc (m)	sink	[sink]

EL SER HUMANO

El ser humano. El cuerpo

26. El ser humano. Conceptos básicos

ser (m) humano	mens	[mɛŋs]
hombre (m) (varón)	man	[man]
mujer (f)	vrou	[fræʊ]
niño -a (m, f)	kind	[kint]
niña (f)	meisie	[mæjsi]
niño (m)	seun	[søən]
adolescente (m)	tiener	[tinər]
viejo, anciano (m)	ou man	[æʊ man]
vieja, anciana (f)	ou vrou	[æʊ fræʊ]

27. La anatomía humana

organismo (m)	organisme	[orχanismə]
corazón (m)	hart	[hart]
sangre (f)	bloed	[blut]
arteria (f)	slagaar	[slaχãr]
vena (f)	aar	[ãr]
cerebro (m)	brein	[bræjn]
nervio (m)	senuwee	[senuveə]
nervios (m pl)	senuwees	[senuveəs]
vértebra (f)	rugwerwels	[ruχ·werwɛls]
columna (f) vertebral	ruggraat	[ruχ·χrãt]
estómago (m)	maag	[mãχ]
intestinos (m pl)	ingewande	[inχəwandə]
intestino (m)	derm	[derm]
hígado (m)	lewer	[levər]
riñón (m)	nier	[nir]
hueso (m)	been	[beən]
esqueleto (m)	geraamte	[χerãmtə]
costilla (f)	rib	[rip]
cráneo (m)	skedel	[skedəl]
músculo (m)	spier	[spir]
bíceps (m)	biseps	[biseps]
tríceps (m)	triseps	[triseps]
tendón (m)	sening	[seniŋ]
articulación (f)	gewrig	[χevrəχ]

pulmones (m pl)	longe	[loŋə]
genitales (m pl)	geslagsorgane	[χeslaχs·orχanə]
piel (f)	vel	[fəl]

28. La cabeza

cabeza (f)	kop	[kop]
cara (f)	gesig	[χesəχ]
nariz (f)	neus	[nøøs]
boca (f)	mond	[mont]

ojo (m)	oog	[oeχ]
ojos (m pl)	oë	[oɛ]
pupila (f)	pupil	[pupil]
ceja (f)	wenkbrou	[vɛnk·bræʊ]
pestaña (f)	ooghaar	[oeχ·hār]
párpado (m)	ooglid	[oeχ·lit]

lengua (f)	tong	[toŋ]
diente (m)	tand	[tant]
labios (m pl)	lippe	[lippə]
pómulos (m pl)	wangbene	[vaŋ·benə]
encía (f)	tandvleis	[tand·flæjs]
paladar (m)	verhemelte	[fer·hemɛltə]

ventanas (f pl)	neusgate	[nøøsχatə]
mentón (m)	ken	[ken]
mandíbula (f)	kakebeen	[kakebeən]
mejilla (f)	wang	[vaŋ]

frente (f)	voorhoof	[foərhoəf]
sien (f)	slaap	[slāp]
oreja (f)	oor	[oər]
nuca (f)	agterkop	[aχtərkop]
cuello (m)	nek	[nek]
garganta (f)	keel	[keəl]

pelo, cabello (m)	haar	[hār]
peinado (m)	kapsel	[kapsəl]
corte (m) de pelo	haarstyl	[hārstajl]
peluca (f)	pruik	[prœik]

bigote (m)	snor	[snor]
barba (f)	baard	[bārt]
tener (~ la barba)	dra	[dra]
trenza (f)	vlegsel	[fleχsəl]
patillas (f pl)	bakkebaarde	[bakkəbārdə]

pelirrojo (adj)	rooiharig	[roj·harəχ]
gris, canoso (adj)	grys	[χrajs]
calvo (adj)	kaal	[kāl]
calva (f)	kaal plek	[kāl plek]
cola (f) de caballo	poniestert	[poni·stert]
flequillo (m)	gordyntjiekapsel	[χordajnki·kapsəl]

29. El cuerpo

| mano (f) | hand | [hant] |
| brazo (m) | arm | [arm] |

dedo (m)	vinger	[fiŋər]
dedo (m) del pie	toon	[toən]
dedo (m) pulgar	duim	[dœim]
dedo (m) meñique	pinkie	[pinki]
uña (f)	nael	[naəl]

puño (m)	vuis	[fœis]
palma (f)	palm	[palm]
muñeca (f)	pols	[pols]
antebrazo (m)	voorarm	[foərarm]
codo (m)	elmboog	[ɛlmboəχ]
hombro (m)	skouer	[skæʊər]

pierna (f)	been	[beən]
planta (f)	voet	[fut]
rodilla (f)	knie	[kni]
pantorrilla (f)	kuit	[kœit]
cadera (f)	heup	[hœəp]
talón (m)	hakskeen	[hak·skeən]

cuerpo (m)	liggaam	[liχχãm]
vientre (m)	maag	[mãχ]
pecho (m)	bors	[bors]
seno (m)	bors	[bors]
lado (m), costado (m)	sy	[saj]
espalda (f)	rug	[ruχ]
zona (f) lumbar	lae rug	[laə ruχ]
cintura (f), talle (m)	middel	[middəl]

ombligo (m)	naeltjie	[naɛlki]
nalgas (f pl)	boude	[bæʊdə]
trasero (m)	sitvlak	[sitflak]

lunar (m)	moesie	[musi]
marca (f) de nacimiento	moedervlek	[mudər·flek]
tatuaje (m)	tatoe	[tatu]
cicatriz (f)	litteken	[littekən]

La ropa y los accesorios

30. La ropa exterior. Los abrigos

ropa (f), vestido (m)	klere	[klerə]
ropa (f) de calle	oorklere	[oərklerə]
ropa (f) de invierno	winterklere	[vintər·klerə]
abrigo (m)	jas	[jas]
abrigo (m) de piel	pelsjas	[pelʃas]
abrigo (m) corto de piel	kort pelsjas	[kort pelʃas]
plumón (m)	donsjas	[donʃas]
cazadora (f)	baadjie	[bãdʒi]
impermeable (m)	reënjas	[reɛnjas]
impermeable (adj)	waterdig	[vatərdəχ]

31. Ropa de hombre y mujer

camisa (f)	hemp	[hemp]
pantalones (m pl)	broek	[bruk]
jeans, vaqueros (m pl)	denimbroek	[denim·bruk]
chaqueta (f), saco (m)	baadjie	[bãdʒi]
traje (m)	pak	[pak]
vestido (m)	rok	[rok]
falda (f)	romp	[romp]
blusa (f)	bloes	[blus]
rebeca (f), chaqueta (f) de punto	gebreide baadjie	[χebræjdə bãdʒi]
chaqueta (f)	baadjie	[bãdʒi]
camiseta (f) (T-shirt)	T-hemp	[te-hemp]
shorts (m pl)	kortbroek	[kort·bruk]
traje (m) deportivo	sweetpak	[sweət·pak]
bata (f) de baño	badjas	[batjas]
pijama (f)	pajama	[pajama]
jersey (m), suéter (m)	trui	[trœi]
pulóver (m)	trui	[trœi]
chaleco (m)	onderbaadjie	[ondər·bãdʒi]
frac (m)	swaelstertbaadjie	[swaɛlstert·bãdʒi]
esmoquin (m)	aandpak	[ãntpak]
uniforme (m)	uniform	[uniform]
ropa (f) de trabajo	werksklere	[verks·klerə]
mono (m)	oorpak	[oərpak]
bata (f) (p. ej. ~ blanca)	jas	[jas]

32. La ropa. La ropa interior

ropa (f) interior	onderklere	[ondərklerə]
bóxer (m)	onderbroek	[ondərbruk]
bragas (f pl)	onderbroek	[ondərbruk]
camiseta (f) interior	frokkie	[frokki]
calcetines (m pl)	sokkies	[sokkis]
camisón (m)	nagrok	[naχrok]
sostén (m)	bra	[bra]
calcetines (m pl) altos	kniekouse	[kni·kæʊsə]
pantimedias (f pl)	kousbroek	[kæʊsbruk]
medias (f pl)	kouse	[kæʊsə]
traje (m) de baño	baaikostuum	[bāj·kostɪm]

33. Gorras

gorro (m)	hoed	[hut]
sombrero (m) de fieltro	hoed	[hut]
gorra (f) de béisbol	bofbalpet	[bofbal·pet]
gorra (f) plana	pet	[pet]
boina (f)	mus	[mus]
capuchón (m)	kap	[kap]
panamá (m)	panamahoed	[panama·hut]
gorro (m) de punto	gebreide mus	[χebræjdə mus]
pañuelo (m)	kopdoek	[kopduk]
sombrero (m) de mujer	dameshoed	[dames·hut]
casco (m) (~ protector)	veiligheidshelm	[fæjliχæjts·hɛlm]
gorro (m) de campaña	mus	[mus]
casco (m) (~ de moto)	helmet	[hɛlmet]
bombín (m)	bolhoed	[bolhut]
sombrero (m) de copa	hoëhoed	[hoɛhut]

34. El calzado

calzado (m)	skoeisel	[skuisəl]
botas (f pl)	mansskoene	[maŋs·skunə]
zapatos (m pl) (~ de tacón bajo)	damesskoene	[dames·skunə]
botas (f pl) altas	laarse	[lārsə]
zapatillas (f pl)	pantoffels	[pantoffəls]
tenis (m pl)	tennisskoene	[tɛnnis·skunə]
zapatillas (f pl) de lona	tekkies	[tɛkkis]
sandalias (f pl)	sandale	[sandalə]
zapatero (m)	skoenmaker	[skun·makər]
tacón (m)	hak	[hak]

par (m)	**paar**	[pãr]
cordón (m)	**skoenveter**	[skun·fetər]
encordonar (vt)	**ryg**	[rajχ]
calzador (m)	**skoenlepel**	[skun·lepəl]
betún (m)	**skoenpolitoer**	[skun·politur]

35. Los textiles. Las telas

algodón (m)	**katoen**	[katun]
de algodón (adj)	**katoen-**	[katun-]
lino (m)	**vlas**	[flas]
de lino (adj)	**vlas-**	[flas-]
seda (f)	**sy**	[saj]
de seda (adj)	**sy-**	[saj-]
lana (f)	**wol**	[vol]
de lana (adj)	**wol-**	[vol-]
terciopelo (m)	**fluweel**	[fluveəl]
gamuza (f)	**suède**	[suɛdə]
pana (f)	**ferweel**	[ferweəl]
nilón (m)	**nylon**	[najlon]
de nilón (adj)	**nylon-**	[najlon-]
poliéster (m)	**poliëster**	[poliɛstər]
de poliéster (adj)	**poliëster-**	[poliɛstər-]
piel (f) (cuero)	**leer**	[leər]
de piel (de cuero)	**leer-**	[leər-]
piel (f) (~ de zorro, etc.)	**bont**	[bont]
de piel (abrigo ~)	**bont-**	[bont-]

36. Accesorios personales

guantes (m pl)	**handskoene**	[handskunə]
manoplas (f pl)	**duimhandskoene**	[dœim·handskunə]
bufanda (f)	**serp**	[serp]
gafas (f pl)	**bril**	[bril]
montura (f)	**raam**	[rãm]
paraguas (m)	**sambreel**	[sambreəl]
bastón (m)	**wandelstok**	[vandəl·stok]
cepillo (m) de pelo	**haarborsel**	[hãr·borsəl]
abanico (m)	**waaier**	[vãjer]
corbata (f)	**das**	[das]
pajarita (f)	**strikkie**	[strikki]
tirantes (m pl)	**kruisbande**	[krœis·bandə]
moquero (m)	**sakdoek**	[sakduk]
peine (m)	**kam**	[kam]
pasador (m) de pelo	**haarspeld**	[hãrs·pɛlt]

| horquilla (f) | haarpen | [hãr·pen] |
| hebilla (f) | gespe | [χespə] |

| cinturón (m) | belt | [bɛlt] |
| correa (f) (de bolso) | skouerband | [skæʊer·bant] |

bolsa (f)	handsak	[hand·sak]
bolso (m)	beursie	[bøərsi]
mochila (f)	rugsak	[ruχsak]

37. La ropa. Miscelánea

moda (f)	mode	[modə]
de moda (adj)	in die mode	[in di modə]
diseñador (m) de moda	modeontwerper	[modə·ontwerpər]

cuello (m)	kraag	[krãχ]
bolsillo (m)	sak	[sak]
de bolsillo (adj)	sak-	[sak-]
manga (f)	mou	[mæʊ]
presilla (f)	lussie	[lussi]
bragueta (f)	gulp	[χulp]

cremallera (f)	ritssluiter	[rits·slœitər]
cierre (m)	vasmaker	[fasmakər]
botón (m)	knoop	[knoəp]
ojal (m)	knoopsgat	[knoəps·χat]
saltar (un botón)	loskom	[loskom]

coser (vi, vt)	naai	[nãi]
bordar (vt)	borduur	[bordɪr]
bordado (m)	borduurwerk	[bordɪr·werk]
aguja (f)	naald	[nãlt]
hilo (m)	garing	[χariŋ]
costura (f)	soom	[soəm]

ensuciarse (vr)	vuil word	[fœil vort]
mancha (f)	vlek	[flek]
arrugarse (vr)	kreukel	[krøəkəl]
rasgar (vt)	skeur	[skøər]
polilla (f)	mot	[mot]

38. Productos personales. Cosméticos

pasta (f) de dientes	tandepasta	[tandə·pasta]
cepillo (m) de dientes	tandeborsel	[tandə·borsəl]
limpiarse los dientes	tande borsel	[tandə borsəl]

maquinilla (f) de afeitar	skeermes	[skeər·mes]
crema (f) de afeitar	skeerroom	[skeər·roəm]
afeitarse (vr)	skeer	[skeər]
jabón (m)	seep	[seəp]

champú (m)	sjampoe	[ʃampu]
tijeras (f pl)	skêr	[skær]
lima (f) de uñas	naelvyl	[naɛl·fajl]
cortaúñas (m pl)	naelknipper	[naɛl·knippər]
pinzas (f pl)	haartangetjie	[hãrtaŋəki]

cosméticos (m pl)	kosmetika	[kosmetika]
mascarilla (f)	gesigmasker	[χesiχ·maskər]
manicura (f)	manikuur	[manikɪr]
hacer la manicura	laat manikuur	[lãt manikɪr]
pedicura (f)	voetbehandeling	[fut·behandeliŋ]

neceser (m) de maquillaje	kosmetika tassie	[kosmetika tassi]
polvos (m pl)	gesigpoeier	[χesiχ·pujer]
polvera (f)	poeierdosie	[pujer·dosi]
colorete (m), rubor (m)	blosser	[blossər]

perfume (m)	parfuum	[parfɪm]
agua (f) perfumada	reukwater	[røøk·vatər]
loción (f)	vloeiroom	[flui·roəm]
agua (f) de colonia	reukwater	[røøk·vatər]

sombra (f) de ojos	oogskadu	[oəχ·skadu]
lápiz (m) de ojos	oogomlyner	[oəχ·omlajnər]
rímel (m)	maskara	[maskara]

pintalabios (m)	lipstiffie	[lip·stiffi]
esmalte (m) de uñas	naellak	[naɛl·lak]
fijador (m) (para el pelo)	haarsproei	[hãrs·prui]
desodorante (m)	reukweermiddel	[røøk·veərmiddəl]

crema (f)	room	[roəm]
crema (f) de belleza	gesigroom	[χesiχ·roəm]
crema (f) de manos	handroom	[hand·roəm]
crema (f) antiarrugas	antirimpelroom	[antirimpəl·roəm]
crema (f) de día	dagroom	[daχ·roəm]
crema (f) de noche	nagroom	[naχ·roəm]
de día (adj)	dag-	[daχ-]
de noche (adj)	nag-	[naχ-]

tampón (m)	tampon	[tampon]
papel (m) higiénico	toiletpapier	[tojlet·papir]
secador (m) de pelo	haardroër	[hãr·droɛr]

39. Las joyas

joyas (f pl)	juweliersware	[juvelirs·warə]
precioso (adj)	edel-	[ɛdəl-]
contraste (m)	waarmerk	[vãrmerk]

anillo (m)	ring	[riŋ]
anillo (m) de boda	trouring	[træʊriŋ]
pulsera (f)	armband	[armbant]
pendientes (m pl)	oorbelle	[oər·bɛllə]

collar (m) (~ de perlas)	halssnoer	[hals·snur]
corona (f)	kroon	[kroən]
collar (m) de abalorios	kraalsnoer	[krāl·snur]

diamante (m)	diamant	[diamant]
esmeralda (f)	smarag	[smaraχ]
rubí (m)	robyn	[robajn]
zafiro (m)	saffier	[saffir]
perla (f)	pêrel	[pærəl]
ámbar (m)	amber	[ambər]

40. Los relojes

reloj (m)	polshorlosie	[pols·horlosi]
esfera (f)	wyserplaat	[vajsər·plāt]
aguja (f)	wyster	[vajstər]
pulsera (f)	metaal horlosiebandjie	[metāl horlosi·bandʒi]
correa (f) (del reloj)	horlosiebandjie	[horlosi·bandʒi]

pila (f)	battery	[battəraj]
descargarse (vr)	pap wees	[pap veəs]
adelantarse (vr)	voorloop	[foərloəp]
retrasarse (vr)	agterloop	[aχtərloəp]

reloj (m) de pared	muurhorlosie	[mɪr·horlosi]
reloj (m) de arena	uurglas	[ɪr·χlas]
reloj (m) de sol	sonwyser	[son·wajsər]
despertador (m)	wekker	[vɛkkər]
relojero (m)	horlosiemaker	[horlosi·makər]
reparar (vt)	herstel	[herstəl]

La comida y la nutrición

41. La comida

carne (f)	vleis	[flæjs]
gallina (f)	hoender	[hundər]
pollo (m)	braaikuiken	[brāj·kœiken]
pato (m)	eend	[eent]
ganso (m)	gans	[χaŋs]
caza (f) menor	wild	[vilt]
pava (f)	kalkoen	[kalkun]
carne (f) de cerdo	varkvleis	[fark·flæjs]
carne (f) de ternera	kalfsvleis	[kalfs·flæjs]
carne (f) de carnero	lamsvleis	[lams·flæjs]
carne (f) de vaca	beesvleis	[beəs·flæjs]
conejo (m)	konynvleis	[konajn·flæjs]
salchichón (m)	wors	[vors]
salchicha (f)	Weense worsie	[veɛŋsə vorsi]
beicon (m)	spek	[spek]
jamón (m)	ham	[ham]
jamón (m) fresco	gerookte ham	[χeroəktə ham]
paté (m)	patee	[pateə]
hígado (m)	lewer	[levər]
carne (f) picada	maalvleis	[māl·flæjs]
lengua (f)	tong	[toŋ]
huevo (m)	eier	[æjer]
huevos (m pl)	eiers	[æjers]
clara (f)	eierwit	[æjer·wit]
yema (f)	dooier	[dojer]
pescado (m)	vis	[fis]
mariscos (m pl)	seekos	[seə·kos]
crustáceos (m pl)	skaaldiere	[skāldirə]
caviar (m)	kaviaar	[kafiār]
cangrejo (m) de mar	krab	[krap]
camarón (m)	garnaal	[χarnāl]
ostra (f)	oester	[ustər]
langosta (f)	seekreef	[seə·kreəf]
pulpo (m)	seekat	[seə·kat]
calamar (m)	pylinkvis	[pajl·inkfis]
esturión (m)	steur	[støər]
salmón (m)	salm	[salm]
fletán (m)	heilbot	[hæjlbot]
bacalao (m)	kabeljou	[kabeljæʊ]

caballa (f)	makriel	[makril]
atún (m)	tuna	[tuna]
anguila (f)	paling	[paliŋ]
trucha (f)	forel	[forəl]
sardina (f)	sardyn	[sardajn]
lucio (m)	varswatersnoek	[farswatər·snuk]
arenque (m)	haring	[hariŋ]
pan (m)	brood	[broət]
queso (m)	kaas	[kãs]
azúcar (m)	suiker	[sœikər]
sal (f)	sout	[sæʊt]
arroz (m)	rys	[rajs]
macarrones (m pl)	pasta	[pasta]
tallarines (m pl)	noedels	[nudɛls]
mantequilla (f)	botter	[bottər]
aceite (m) vegetal	plantaardige olie	[plantãrdiɣə oli]
aceite (m) de girasol	sonblomolie	[sonblom·oli]
margarina (f)	margarien	[marχarin]
olivas (f pl)	olywe	[olajvə]
aceite (m) de oliva	olyfolie	[olajf·oli]
leche (f)	melk	[melk]
leche (f) condensada	kondensmelk	[kondɛŋs·melk]
yogur (m)	jogurt	[joχurt]
nata (f) agria	suurroom	[sɪr·roəm]
nata (f) líquida	room	[roəm]
mayonesa (f)	mayonnaise	[majonɛs]
crema (f) de mantequilla	crème	[krɛm]
cereal molido grueso	ontbytgraan	[ontbajt·χrãn]
harina (f)	meelblom	[meəl·blom]
conservas (f pl)	blikkieskos	[blikkis·kos]
copos (m pl) de maíz	mielievlokkies	[mili·flokkis]
miel (f)	heuning	[høənin]
confitura (f)	konfyt	[konfajt]
chicle (m)	kougom	[kæʊχom]

42. Las bebidas

agua (f)	water	[vatər]
agua (f) potable	drinkwater	[drink·vatər]
agua (f) mineral	mineraalwater	[minerãl·vatər]
sin gas	sonder gas	[sondər χas]
gaseoso (adj)	soda-	[soda-]
con gas	bruis-	[brœis-]
hielo (m)	ys	[ajs]

con hielo	met ys	[met ajs]
sin alcohol	nie-alkoholies	[ni-alkoholis]
bebida (f) sin alcohol	koeldrank	[kul·drank]
refresco (m)	verfrissende drank	[ferfrissende drank]
limonada (f)	limonade	[limonade]

bebidas (f pl) alcohólicas	likeure	[likøere]
vino (m)	wyn	[vajn]
vino (m) blanco	witwyn	[vit·vajn]
vino (m) tinto	rooiwyn	[roj·vajn]

licor (m)	likeur	[likøer]
champaña (f)	sjampanje	[ʃampanje]
vermú (m)	vermoet	[fermut]

whisky (m)	whisky	[vhiskaj]
vodka (m)	vodka	[fodka]
ginebra (f)	jenever	[jenefer]
coñac (m)	brandewyn	[brande·vajn]
ron (m)	rum	[rum]

café (m)	koffie	[koffi]
café (m) solo	swart koffie	[swart koffi]
café (m) con leche	koffie met melk	[koffi met melk]
capuchino (m)	capuccino	[kaputʃino]
café (m) soluble	poeierkoffie	[pujer·koffi]

leche (f)	melk	[melk]
cóctel (m)	mengeldrankie	[menɣel·dranki]
batido (m)	melkskommel	[melk·skommel]

zumo (m), jugo (m)	sap	[sap]
jugo (m) de tomate	tamatiesap	[tamati·sap]
zumo (m) de naranja	lemoensap	[lemoen·sap]
zumo (m) fresco	vars geparste sap	[fars ɣeparste sap]

cerveza (f)	bier	[bir]
cerveza (f) rubia	ligte bier	[liɣte bir]
cerveza (f) negra	donker bier	[donker bir]

té (m)	tee	[tee]
té (m) negro	swart tee	[swart tee]
té (m) verde	groen tee	[ɣrun tee]

43. Las verduras

| legumbres (f pl) | groente | [ɣrunte] |
| verduras (f pl) | groente | [ɣrunte] |

tomate (m)	tamatie	[tamati]
pepino (m)	komkommer	[komkommer]
zanahoria (f)	wortel	[vortel]
patata (f)	aartappel	[ārtappel]
cebolla (f)	ui	[œi]

ajo (m)	knoffel	[knoffəl]
col (f)	kool	[koəl]
coliflor (f)	blomkool	[blom·koəl]
col (f) de Bruselas	Brusselspruite	[brussɛl·sprœitə]
brócoli (m)	broccoli	[brokoli]
remolacha (f)	beet	[beət]
berenjena (f)	eiervrug	[æjerfruχ]
calabacín (m)	vingerskorsie	[fiŋər·skorsi]
calabaza (f)	pampoen	[pampun]
nabo (m)	raap	[rãp]
perejil (m)	pietersielie	[pitərsili]
eneldo (m)	dille	[dillə]
lechuga (f)	slaai	[slãi]
apio (m)	seldery	[selderaj]
espárrago (m)	aspersie	[aspersi]
espinaca (f)	spinasie	[spinasi]
guisante (m)	ertjie	[ɛrki]
habas (f pl)	boontjies	[boənkis]
maíz (m)	mielie	[mili]
fréjol (m)	nierboontjie	[nir·boənki]
pimentón (m)	paprika	[paprika]
rábano (m)	radys	[radajs]
alcachofa (f)	artisjok	[artiʃok]

44. Las frutas. Las nueces

fruto (m)	vrugte	[fruχtə]
manzana (f)	appel	[appəl]
pera (f)	peer	[peər]
limón (m)	suurlemoen	[sɪr·lemun]
naranja (f)	lemoen	[lemun]
fresa (f)	aarbei	[ãrbæj]
mandarina (f)	nartjie	[narki]
ciruela (f)	pruim	[prœim]
melocotón (m)	perske	[perskə]
albaricoque (m)	appelkoos	[appɛlkoəs]
frambuesa (f)	framboos	[framboəs]
ananás (m)	pynappel	[pajnappəl]
banana (f)	piesang	[pisaŋ]
sandía (f)	waatlemoen	[vãtlemun]
uva (f)	druif	[drœif]
guinda (f)	suurkersie	[sɪr·kersi]
cereza (f)	soetkersie	[sut·kersi]
melón (m)	spanspek	[spaŋspek]
pomelo (m)	pomelo	[pomelo]
aguacate (m)	avokado	[afokado]
papaya (m)	papaja	[papaja]

| mango (m) | mango | [manχo] |
| granada (f) | granaat | [χranãt] |

grosella (f) roja	rooi aalbessie	[roj ãlbɛssi]
grosella (f) negra	swartbessie	[swartbɛssi]
grosella (f) espinosa	appelliefie	[appɛllifi]
arándano (m)	bosbessie	[bosbɛssi]
zarzamoras (f pl)	braambessie	[brãmbɛssi]

pasas (f pl)	rosyntjie	[rosajnki]
higo (m)	vy	[faj]
dátil (m)	dadel	[dadəl]

cacahuete (m)	grondboontjie	[χront·boənki]
almendra (f)	amandel	[amandəl]
nuez (f)	okkerneut	[okkər·nøət]
avellana (f)	haselneut	[hasɛl·nøət]
nuez (f) de coco	klapper	[klappər]
pistachos (m pl)	pistachio	[pistatʃio]

45. El pan. Los dulces

pasteles (m pl)	soet gebak	[sut χebak]
pan (m)	brood	[broət]
galletas (f pl)	koekies	[kukis]

chocolate (m)	sjokolade	[ʃokoladə]
de chocolate (adj)	sjokolade	[ʃokoladə]
caramelo (m)	lekkers	[lɛkkərs]
tarta (f) (pequeña)	koek	[kuk]
tarta (f) (~ de cumpleaños)	koek	[kuk]

| pastel (m) (~ de manzana) | pastei | [pastæj] |
| relleno (m) | vulsel | [fulsəl] |

confitura (f)	konfyt	[konfajt]
mermelada (f)	marmelade	[marmeladə]
gofre (m)	wafels	[vafɛls]
helado (m)	roomys	[roəm·ajs]
pudín (f)	poeding	[pudiŋ]

46. Los platos al horno

plato (m)	gereg	[χerəχ]
cocina (f)	kookkuns	[koək·kuns]
receta (f)	resep	[resep]
porción (f)	porsie	[porsi]

ensalada (f)	slaai	[slãi]
sopa (f)	sop	[sop]
caldo (m)	helder sop	[hɛldər sop]
bocadillo (m)	toebroodjie	[tubroədʒi]

huevos (m pl) fritos	gabakte eiers	[χabaktə æjers]
hamburguesa (f)	hamburger	[hamburχər]
bistec (m)	biefstuk	[bifstuk]
guarnición (f)	sygereg	[saj·χerəχ]
espagueti (m)	spaghetti	[spaχɛtti]
puré (m) de patatas	kapokaartappels	[kapok·ārtappəls]
pizza (f)	pizza	[pizza]
gachas (f pl)	pap	[pap]
tortilla (f) francesa	omelet	[oməlet]
cocido en agua (adj)	gekook	[χekoək]
ahumado (adj)	gerook	[χeroək]
frito (adj)	gebak	[χebak]
seco (adj)	gedroog	[χedroəχ]
congelado (adj)	gevries	[χefris]
marinado (adj)	gepiekel	[χepikəl]
azucarado (adj)	soet	[sut]
salado (adj)	sout	[sæʊt]
frío (adj)	koud	[kæʊt]
caliente (adj)	warm	[varm]
amargo (adj)	bitter	[bittər]
sabroso (adj)	smaaklik	[smāklik]
cocer en agua	kook in water	[koək in vatər]
preparar (la cena)	kook	[koək]
freír (vt)	braai	[braj]
calentar (vt)	opwarm	[opwarm]
salar (vt)	sout	[sæʊt]
poner pimienta	peper	[pepər]
rallar (vt)	rasp	[rasp]
piel (f)	skil	[skil]
pelar (vt)	skil	[skil]

47. Las especias

sal (f)	sout	[sæʊt]
salado (adj)	sout	[sæʊt]
salar (vt)	sout	[sæʊt]
pimienta (f) negra	swart peper	[swart pepər]
pimienta (f) roja	rooi peper	[roj pepər]
mostaza (f)	mosterd	[mostert]
rábano (m) picante	peperwortel	[peper·wortəl]
condimento (m)	smaakmiddel	[smāk·middəl]
especia (f)	spesery	[spesəraj]
salsa (f)	sous	[sæʊs]
vinagre (m)	asyn	[asajn]
anís (m)	anys	[anajs]
albahaca (f)	basilikum	[basilikum]

clavo (m)	naeltjies	[naɛlkis]
jengibre (m)	gemmer	[χɛmmər]
cilantro (m)	koljander	[koljandər]
canela (f)	kaneel	[kaneəl]

sésamo (m)	sesamsaad	[sesam·sãt]
hoja (f) de laurel	lourierblaar	[læʊrir·blãr]
paprika (f)	paprika	[paprika]
comino (m)	komynsaad	[komajnsãt]
azafrán (m)	saffraan	[saffrãn]

48. Las comidas

| comida (f) | kos | [kos] |
| comer (vi, vt) | eet | [eət] |

desayuno (m)	ontbyt	[ontbajt]
desayunar (vi)	ontbyt	[ontbajt]
almuerzo (m)	middagete	[middaχ·etə]
almorzar (vi)	gaan eet	[χãn eət]
cena (f)	aandete	[ãndetə]
cenar (vi)	aandete gebruik	[ãndetə χebrœik]

| apetito (m) | aptyt | [aptajt] |
| ¡Que aproveche! | Smaaklike ete! | [smãklikə etə!] |

abrir (vt)	oopmaak	[oəpmãk]
derramar (líquido)	mors	[mors]
derramarse (líquido)	mors	[mors]

hervir (vi)	kook	[koək]
hervir (vt)	kook	[koək]
hervido (agua ~a)	gekook	[χekoək]
enfriar (vt)	laat afkoel	[lãt afkul]
enfriarse (vr)	afkoel	[afkul]

| sabor (m) | smaak | [smãk] |
| regusto (m) | nasmaak | [nasmãk] |

adelgazar (vi)	vermaer	[fermaər]
dieta (f)	dieet	[diət]
vitamina (f)	vitamien	[fitamin]
caloría (f)	kalorie	[kalori]

| vegetariano (m) | vegetariër | [feχetariɛr] |
| vegetariano (adj) | vegetaries | [feχetaris] |

grasas (f pl)	vette	[fɛttə]
proteínas (f pl)	proteïen	[proteïen]
carbohidratos (m pl)	koolhidrate	[koəlhidratə]

loncha (f)	snytjie	[snajki]
pedazo (m)	stuk	[stuk]
miga (f)	krummel	[krumməl]

49. Los cubiertos

cuchara (f)	lepel	[lepəl]
cuchillo (m)	mes	[mes]
tenedor (m)	vurk	[furk]
taza (f)	koppie	[koppi]
plato (m)	bord	[bort]
platillo (m)	piering	[piriŋ]
servilleta (f)	servet	[serfət]
mondadientes (m)	tandestokkie	[tandə·stokki]

50. El restaurante

restaurante (m)	restaurant	[restɔurant]
cafetería (f)	koffiekroeg	[koffi·kruχ]
bar (m)	kroeg	[kruχ]
salón (m) de té	teekamer	[tee·kamər]
camarero (m)	kelner	[kɛlnər]
camarera (f)	kelnerin	[kɛlnərin]
barman (m)	kroegman	[kruχman]
carta (f), menú (m)	spyskaart	[spajs·kārt]
carta (f) de vinos	wyn	[vajn]
reservar una mesa	wynkaart	[vajn·kārt]
plato (m)	gereg	[χerəχ]
pedir (vt)	bestel	[bestəl]
hacer el pedido	bestel	[bestəl]
aperitivo (m)	drankie	[dranki]
entremés (m)	voorgereg	[foərχerəχ]
postre (m)	nagereg	[naχerəχ]
cuenta (f)	rekening	[rekəniŋ]
pagar la cuenta	die rekening betaal	[di rekəniŋ betāl]
dar la vuelta	kleingeld gee	[klæjn·χɛlt χeə]
propina (f)	fooitjie	[fojki]

La familia nuclear, los parientes y los amigos

51. La información personal. Los formularios

nombre (m)	voornaam	[foərnãm]
apellido (m)	van	[fan]
fecha (f) de nacimiento	geboortedatum	[χeboərtə·datum]
lugar (m) de nacimiento	geboorteplek	[χeboərtə·plek]
nacionalidad (f)	nasionaliteit	[naʃionalitæjt]
domicilio (m)	woonplek	[voən·plek]
país (m)	land	[lant]
profesión (f)	beroep	[berup]
sexo (m)	geslag	[χeslaχ]
estatura (f)	lengte	[leŋtə]
peso (m)	gewig	[χevəχ]

52. Los familiares. Los parientes

madre (f)	moeder	[mudər]
padre (m)	vader	[fadər]
hijo (m)	seun	[søən]
hija (f)	dogter	[doχtər]
hija (f) menor	jonger dogter	[joŋər doχtər]
hijo (m) menor	jonger seun	[joŋər søən]
hija (f) mayor	oudste dogter	[æʊdstə doχtər]
hijo (m) mayor	oudste seun	[æʊdstə søən]
hermano (m)	broer	[brur]
hermano (m) mayor	ouer broer	[æʊer brur]
hermano (m) menor	jonger broer	[joŋər brur]
hermana (f)	suster	[sustər]
hermana (f) mayor	ouer suster	[æʊer sustər]
hermana (f) menor	jonger suster	[joŋər sustər]
primo (m)	neef	[neəf]
prima (f)	neef	[neəf]
mamá (f)	ma	[ma]
papá (m)	pa	[pa]
padres (m pl)	ouers	[æʊers]
niño -a (m, f)	kind	[kint]
niños (m pl)	kinders	[kindərs]
abuela (f)	ouma	[æʊma]
abuelo (m)	oupa	[æʊpa]

nieto (m)	kleinseun	[klæjn·søən]
nieta (f)	kleindogter	[klæjn·doχtər]
nietos (m pl)	kleinkinders	[klæjn·kindərs]
tío (m)	oom	[oəm]
tía (f)	tante	[tantə]
sobrino (m)	neef	[neəf]
sobrina (f)	nig	[niχ]
suegra (f)	skoonma	[skoən·ma]
suegro (m)	skoonpa	[skoən·pa]
yerno (m)	skoonseun	[skoən·søən]
madrastra (f)	stiefma	[stifma]
padrastro (m)	stiefpa	[stifpa]
niño (m) de pecho	baba	[baba]
bebé (m)	baba	[baba]
chico (m)	seuntjie	[søənki]
mujer (f)	vrou	[fræʊ]
marido (m)	man	[man]
esposo (m)	eggenoot	[εχχenoət]
esposa (f)	eggenote	[εχχenotə]
casado (adj)	getroud	[χetræʊt]
casada (adj)	getroud	[χetræʊt]
soltero (adj)	ongetroud	[onχətræʊt]
soltero (m)	vrygesel	[frajχesəl]
divorciado (adj)	geskei	[χeskæj]
viuda (f)	weduwee	[veduveə]
viudo (m)	wedunaar	[vedunār]
pariente (m)	familielid	[famililit]
pariente (m) cercano	na familie	[na famili]
pariente (m) lejano	ver familie	[fer famili]
parientes (m pl)	familielede	[famililedə]
huérfano (m)	weeskind	[veəskint]
huérfana (f)	weeskind	[veəskint]
tutor (m)	voog	[foəχ]
adoptar (un niño)	aanneem	[ānneəm]
adoptar (una niña)	aanneem	[ānneəm]

53. Los amigos. Los compañeros del trabajo

amigo (m)	vriend	[frint]
amiga (f)	vriendin	[frindin]
amistad (f)	vriendskap	[frindskap]
ser amigo	bevriend wees	[befrint veəs]
amigote (m)	maat	[māt]
amiguete (f)	vriendin	[frindin]
compañero (m)	maat	[māt]
jefe (m)	baas	[bās]

superior (m)	baas	[bās]
propietario (m)	eienaar	[æjenār]
subordinado (m)	ondergeskikte	[ondərχeskiktə]
colega (m, f)	kollega	[kolleχa]

conocido (m)	kennis	[kɛnnis]
compañero (m) de viaje	medereisiger	[medə·ræjsiχər]
condiscípulo (m)	klasmaat	[klas·māt]

vecino (m)	buurman	[bɪrman]
vecina (f)	buurvrou	[bɪrfræʊ]
vecinos (m pl)	bure	[burə]

54. El hombre. La mujer

mujer (f)	vrou	[fræʊ]
muchacha (f)	meisie	[mæjsi]
novia (f)	bruid	[brœit]

guapa (adj)	mooi	[moj]
alta (adj)	groot	[χroət]
esbelta (adj)	slank	[slank]
de estatura mediana	kort	[kort]

| rubia (f) | blondine | [blondinə] |
| morena (f) | brunet | [brunet] |

de señora (adj)	dames-	[dames-]
virgen (f)	maagd	[māχt]
embarazada (adj)	swanger	[swaŋər]

hombre (m) (varón)	man	[man]
rubio (m)	blond	[blont]
moreno (m)	brunet	[brunet]
alto (adj)	groot	[χroət]
de estatura mediana	kort	[kort]

grosero (adj)	onbeskof	[onbeskof]
rechoncho (adj)	frisgebou	[frisχebæʊ]
robusto (adj)	frisgebou	[frisχebæʊ]
fuerte (adj)	sterk	[sterk]
fuerza (f)	sterkte	[sterktə]

gordo (adj)	vet	[fet]
moreno (adj)	blas	[blas]
esbelto (adj)	slank	[slank]
elegante (adj)	elegant	[ɛleχant]

55. La edad

| edad (f) | ouderdom | [æʊderdom] |
| juventud (f) | jeug | [jøøχ] |

joven (adj)	jong	[joŋ]
menor (adj)	jonger	[joŋər]
mayor (adj)	ouer	[æʊer]

joven (m)	jongman	[joŋman]
adolescente (m)	tiener	[tinər]
muchacho (m)	ou	[æʊ]

| anciano (m) | ou man | [æʊ man] |
| anciana (f) | ou vrou | [æʊ fræʊ] |

adulto	volwasse	[folwassə]
de edad media (adj)	middeljarig	[middəl·jarəχ]
de edad, anciano (adj)	bejaard	[bejãrt]
viejo (adj)	oud	[æʊt]

jubilación (f)	pensioen	[pɛnsiun]
jubilarse	met pensioen gaan	[met pɛnsiun χãn]
jubilado (m)	pensioenaris	[pɛnsiunaris]

56. Los niños

niño -a (m, f)	kind	[kint]
niños (m pl)	kinders	[kindərs]
gemelos (m pl)	tweeling	[tweəliŋ]

cuna (f)	wiegie	[viχi]
sonajero (m)	rammelaar	[rammelãr]
pañal (m)	luier	[lœiər]

chupete (m)	fopspeen	[fopspeən]
cochecito (m)	kinderwaentjie	[kindər·waenki]
jardín (m) de infancia	kindertuin	[kindər·tœin]
niñera (f)	babasitter	[babasittər]

infancia (f)	kinderdae	[kindərdaə]
muñeca (f)	pop	[pop]
juguete (m)	speelgoed	[speəl·χut]
mecano (m)	boudoos	[bæʊ·doəs]
bien criado (adj)	goed opgevoed	[χut opχəfut]
malcriado (adj)	sleg opgevoed	[sleχ opχəfut]
mimado (adj)	bederf	[bederf]

hacer travesuras	stout wees	[stæʊt veəs]
travieso (adj)	ondeuend	[ondøent]
travesura (f)	ondeuendheid	[ondøenthæjt]
travieso (m)	rakker	[rakkər]

| obediente (adj) | gehoorsaam | [χehoərsãm] |
| desobediente (adj) | ongehoorsaam | [onχehoərsãm] |

dócil (adj)	soet	[sut]
inteligente (adj)	slim	[slim]
niño (m) prodigio	wonderkind	[vondərkint]

57. Los matrimonios. La vida familiar

besar (vt)	soen	[sun]
besarse (vi)	mekaar soen	[mekār sun]
familia (f)	familie	[famili]
familiar (adj)	gesins-	[xesins-]
pareja (f)	paartjie	[pārki]
matrimonio (m)	huwelik	[huvelik]
hogar (m) familiar	tuiste	[tœistə]
dinastía (f)	dinastie	[dinasti]
cita (f)	datum	[datum]
beso (m)	soen	[sun]
amor (m)	liefde	[lifdə]
querer (amar)	liefhê	[lifhɛ:]
querido (adj)	geliefde	[xelifdə]
ternura (f)	teerheid	[teərhæjt]
tierno (afectuoso)	teer	[teər]
fidelidad (f)	trou	[træʊ]
fiel (adj)	trou	[træʊ]
cuidado (m)	sorg	[sorx]
cariñoso (un padre ~)	sorgsaam	[sorxsām]
recién casados (pl)	pasgetroudes	[pas·xetræʊdes]
luna (f) de miel	wittebroodsdae	[vittebroəds·daə]
estar casada	trou	[træʊ]
casarse (con una mujer)	trou	[træʊ]
boda (f)	bruilof	[brœilof]
bodas (f pl) de oro	goue bruilof	[xæʊə brœilof]
aniversario (m)	verjaardag	[ferjār·dax]
amante (m)	minnaar	[minnār]
amante (f)	minnares	[minnares]
adulterio (m)	owerspel	[overspəl]
cometer adulterio	owerspel pleeg	[overspəl pleəx]
celoso (adj)	jaloers	[jalurs]
tener celos	jaloers wees	[jalurs veəs]
divorcio (m)	egskeiding	[ɛxskæjdiŋ]
divorciarse (vr)	skei	[skæj]
reñir (vi)	baklei	[baklæj]
reconciliarse (vr)	versoen	[fersun]
juntos (adv)	saam	[sām]
sexo (m)	seks	[seks]
felicidad (f)	geluk	[xeluk]
feliz (adj)	gelukkig	[xelukkəx]
desgracia (f)	ongeluk	[onxəluk]
desgraciado (adj)	ongelukkig	[onxəlukkəx]

Las características de personalidad. Los sentimientos

58. Los sentimientos. Las emociones

sentimiento (m)	gevoel	[χeful]
sentimientos (m pl)	gevoelens	[χefulɛŋs]
sentir (vt)	voel	[ful]
hambre (f)	honger	[hoŋər]
tener hambre	honger wees	[hoŋər veəs]
sed (f)	dors	[dors]
tener sed	dors wees	[dors veəs]
somnolencia (f)	slaperigheid	[slaperiχæjt]
tener sueño	vaak voel	[fãk ful]
cansancio (m)	moegheid	[muχæjt]
cansado (adj)	moeg	[muχ]
estar cansado	moeg word	[muχ vort]
humor (m) (de buen ~)	stemming	[stɛmmiŋ]
aburrimiento (m)	verveling	[ferfeliŋ]
aburrirse (vr)	verveeld wees	[ferveəlt veəs]
soledad (f)	afsondering	[afsondəriŋ]
aislarse (vr)	jou afsonder	[jæʊ afsondər]
inquietar (vt)	bekommerd maak	[bekommərt mãk]
inquietarse (vr)	bekommerd wees	[bekommərt veəs]
inquietud (f)	kommerwekkend	[kommər·wɛkkent]
preocupación (f)	vrees	[freəs]
preocupado (adj)	behep	[behep]
estar nervioso	senuweeagtig wees	[senuveə·aχtəχ veəs]
darse al pánico	paniekerig raak	[panikerəχ rãk]
esperanza (f)	hoop	[hoəp]
esperar (tener esperanza)	hoop	[hoəp]
seguridad (f)	sekerheid	[sekərhæjt]
seguro (adj)	seker	[sekər]
inseguridad (f)	onsekerheid	[ɔŋsekərhæjt]
inseguro (adj)	onseker	[ɔŋsekər]
borracho (adj)	dronk	[dronk]
sobrio (adj)	nugter	[nuχtər]
débil (adj)	swak	[swak]
feliz (adj)	gelukkig	[χelukkəχ]
asustar (vt)	bang maak	[baŋ mãk]
furia (f)	kwaadheid	[kwãdhæjt]
rabia (f)	woede	[vudə]
depresión (f)	depressie	[deprɛssi]
incomodidad (f)	ongemak	[onχəmak]

comodidad (f)	gemak	[χemak]
arrepentirse (vr)	jammer wees	[jammǝr veǝs]
arrepentimiento (m)	spyt	[spajt]
mala suerte (f)	teëspoed	[teɛsput]
tristeza (f)	droefheid	[drufhæjt]

vergüenza (f)	skaamte	[skāmtǝ]
júbilo (m)	vreugde	[frøǝχdǝ]
entusiasmo (m)	entoesiasme	[ɛntusiasmǝ]
entusiasta (m)	entoesiasties	[ɛntusiastis]
mostrar entusiasmo	begeestering toon	[beχeǝsteriŋ toǝn]

59. El carácter. La personalidad

carácter (m)	karakter	[karaktǝr]
defecto (m)	karakterfout	[karaktǝr·fæʋt]
mente (f)	verstand	[ferstant]
razón (f)	verstand	[ferstant]

consciencia (f)	gewete	[χevetǝ]
hábito (m)	gewoonte	[χevoentǝ]
habilidad (f)	talent	[talent]
poder (nadar, etc.)	kan	[kan]

paciente (adj)	geduldig	[χeduldǝχ]
impaciente (adj)	ongeduldig	[onχǝduldǝχ]
curioso (adj)	nuuskierig	[nɪskirǝχ]
curiosidad (f)	nuuskierigheid	[nɪskiriχæjt]

modestia (f)	beskeidenheid	[beskæjdenhæjt]
modesto (adj)	beskeie	[beskæje]
inmodesto (adj)	onbeskeie	[onbeskæje]

pereza (f)	luiheid	[lœihæjt]
perezoso (adj)	lui	[lœi]
perezoso (m)	luiaard	[lœiārt]

astucia (f)	sluheid	[sluhæjt]
astuto (adj)	slu	[slu]
desconfianza (f)	wantroue	[vantræʋe]
desconfiado (adj)	agterdogtig	[aχtǝrdoχtǝχ]

generosidad (f)	gulheid	[χulhæjt]
generoso (adj)	gulhartig	[χulhartǝχ]
talentoso (adj)	talentvol	[talentfol]
talento (m)	talent	[talent]

valiente (adj)	moedig	[mudǝχ]
coraje (m)	moed	[mut]
honesto (adj)	eerlik	[eǝrlik]
honestidad (f)	eerlikheid	[eǝrlikhæjt]

| prudente (adj) | versigtig | [fersiχtǝχ] |
| valeroso (adj) | dapper | [dappǝr] |

| serio (adj) | ernstig | [ɛrnstəχ] |
| severo (adj) | streng | [streŋ] |

decidido (adj)	vasberade	[fasberadə]
indeciso (adj)	besluiteloos	[beslœiteloəs]
tímido (adj)	skaam	[skām]
timidez (f)	skaamheid	[skāmhæjt]

confianza (f)	vertroue	[fertræʋə]
creer (créeme)	vertrou	[fertræʋ]
confiado (crédulo)	goedgelowig	[χudχəlovəχ]

sinceramente (adv)	opreg	[opreχ]
sincero (adj)	opregte	[opreχtə]
sinceridad (f)	opregtheid	[opreχthæjt]
abierto (adj)	oop	[oəp]

calmado (adj)	kalm	[kalm]
franco (sincero)	openhartig	[openhartəχ]
ingenuo (adj)	naïef	[naïef]
distraído (adj)	verstrooid	[ferstrojt]
gracioso (adj)	snaaks	[snāks]

avaricia (f)	hebsug	[hebsuχ]
avaro (adj)	hebsugtig	[hebsuχtəχ]
tacaño (adj)	gierig	[χirəχ]
malvado (adj)	boos	[boəs]
terco (adj)	hardnekkig	[hardnɛkkəχ]
desagradable (adj)	onaangenaam	[onānχənām]

egoísta (m)	selfsugtig	[sɛlfsuχtəχ]
egoísta (adj)	selfsugtig	[sɛlfsuχtəχ]
cobarde (m)	laffaard	[laffārt]
cobarde (adj)	lafhartig	[lafhartəχ]

60. El sueño. Los sueños

dormir (vi)	slaap	[slāp]
sueño (m) (estado)	slaap	[slāp]
sueño (m) (dulces ~s)	droom	[droəm]
soñar (vi)	droom	[droəm]
adormilado (adj)	vaak	[fāk]

cama (f)	bed	[bet]
colchón (m)	matras	[matras]
manta (f)	kombers	[kombers]
almohada (f)	kussing	[kussiŋ]
sábana (f)	laken	[laken]

insomnio (m)	slaaploosheid	[slāploəshæjt]
de insomnio (adj)	slaaploos	[slāploəs]
somnífero (m)	slaappil	[slāp·pil]
tener sueño	vaak voel	[fāk ful]
bostezar (vi)	gaap	[χāp]

irse a la cama	gaan slaap	[χān slāp]
hacer la cama	die bed opmaak	[di bet opmāk]
dormirse (vr)	aan die slaap raak	[ān di slāp rāk]

pesadilla (f)	nagmerrie	[naχmerri]
ronquido (m)	gesnork	[χesnork]
roncar (vi)	snork	[snork]

despertador (m)	wekker	[vɛkkər]
despertar (vt)	wakker maak	[vakkər māk]
despertarse (vr)	wakker word	[vakkər vort]
levantarse (vr)	opstaan	[opstān]
lavarse (vr)	jou was	[jæʊ vas]

61. El humor. La risa. La alegría

humor (m)	humor	[humor]
sentido (m) del humor	humorsin	[humorsin]
divertirse (vr)	jouself geniet	[jæʊsɛlf χenit]
alegre (adj)	vrolik	[frolik]
júbilo (m)	pret	[pret]

sonrisa (f)	glimlag	[χlimlaχ]
sonreír (vi)	glimlag	[χlimlaχ]
echarse a reír	begin lag	[beχin laχ]
reírse (vr)	lag	[laχ]
risa (f)	lag	[laχ]

anécdota (f)	anekdote	[anekdotə]
gracioso (adj)	snaaks	[snāks]
ridículo (adj)	snaaks	[snāks]

bromear (vi)	grappies maak	[χrappis māk]
broma (f)	grappie	[χrappi]
alegría (f) (emoción)	vreugde	[frøəχdə]
alegrarse (vr)	bly wees	[blaj veəs]
alegre (~ de que …)	bly	[blaj]

62. La discusión y la conversación. Unidad 1

| comunicación (f) | kommunikasie | [kommunikasi] |
| comunicarse (vr) | kommunikeer | [kommunikeər] |

conversación (f)	gesprek	[χesprek]
diálogo (m)	dialoog	[dialoəχ]
discusión (f) (debate)	diskussie	[diskussi]
debate (m)	dispuut	[dispɪt]
debatir (vi)	debatteer	[debatteər]

interlocutor (m)	gespreksgenoot	[χespreks·χenoət]
tema (m)	onderwerp	[ondərwerp]
punto (m) de vista	standpunt	[stand·punt]

| opinión (f) | opinie | [opini] |
| discurso (m) | toespraak | [tusprăk] |

discusión (f) (del informe, etc.)	bespreking	[besprekiŋ]
discutir (vt)	bespreek	[bespreək]
conversación (f)	gesprek	[χesprek]
conversar (vi)	gesels	[χesɛls]
reunión (f)	ontmoeting	[ontmutiŋ]
encontrarse (vr)	ontmoet	[ontmut]

proverbio (m)	spreekwoord	[spreək·woərt]
dicho (m)	gesegde	[χeseχdə]
adivinanza (f)	raaisel	[rãjsəl]
contraseña (f)	wagwoord	[vaχ·woərt]
secreto (m)	geheim	[χəhæjm]

juramento (m)	eed	[eət]
jurar (vt)	sweer	[sweər]
promesa (f)	belofte	[beloftə]
prometer (vt)	beloof	[beloəf]

consejo (m)	raad	[rãt]
aconsejar (vt)	aanraai	[ãnrãi]
seguir el consejo	raad volg	[rãt folχ]
escuchar (a los padres)	luister na	[lœistər na]

noticias (f pl)	nuus	[nɪs]
sensación (f)	sensasie	[sɛŋsasi]
información (f)	inligting	[inliχtiŋ]
conclusión (f)	slotsom	[slotsom]
voz (f)	stem	[stem]
cumplido (m)	kompliment	[kompliment]
amable (adj)	gaaf	[χãf]

palabra (f)	woord	[voərt]
frase (f)	frase	[frasə]
respuesta (f)	antwoord	[antwoərt]

| verdad (f) | waarheid | [vãrhæjt] |
| mentira (f) | leuen | [løəen] |

pensamiento (m)	gedagte	[χedaχtə]
idea (f)	idee	[ideə]
fantasía (f)	verbeelding	[ferbeəldiŋ]

63. La discusión y la conversación. Unidad 2

respetado (adj)	gerespekteer	[χerespekteər]
respetar (vt)	respekteer	[respekteər]
respeto (m)	respek	[respek]
Estimado ...	Geagte ...	[χeaχtə ...]

| presentar (~ a sus padres) | voorstel | [foərstəl] |
| conocer a alguien | kennismaak | [kɛnnismãk] |

intención (f)	voorneme	[foərnemə]
tener intención (de …)	voornemens wees	[foərnemɛŋs veəs]
deseo (m)	wens	[vɛŋs]
desear (vt) (~ buena suerte)	wens	[vɛŋs]
sorpresa (f)	verrassing	[ferrassiŋ]
sorprender (vt)	verras	[ferras]
sorprenderse (vr)	verbaas wees	[ferbãs veəs]
dar (vt)	gee	[χeə]
tomar (vt)	vat	[fat]
devolver (vt)	teruggee	[teruχeə]
retornar (vt)	terugvat	[teruχfat]
disculparse (vr)	verskoning vra	[ferskoniŋ fra]
disculpa (f)	verskoning	[ferskoniŋ]
perdonar (vt)	vergewe	[ferχevə]
hablar (vi)	praat	[prãt]
escuchar (vt)	luister	[lœistər]
escuchar hasta el final	aanhoor	[ãnhoər]
comprender (vt)	verstaan	[ferstãn]
mostrar (vt)	wys	[vajs]
mirar a …	kyk na …	[kajk na …]
llamar (vt)	roep	[rup]
distraer (molestar)	aflei	[aflæj]
molestar (vt)	steur	[støər]
pasar (~ un mensaje)	deurgee	[døərχeə]
petición (f)	versoek	[fersuk]
pedir (vt)	versoek	[fersuk]
exigencia (f)	eis	[æjs]
exigir (vt)	eis	[æjs]
motejar (vr)	terg	[terχ]
burlarse (vr)	terg	[terχ]
burla (f)	spot	[spot]
apodo (m)	bynaam	[bajnãm]
alusión (f)	sinspeling	[sinspeliŋ]
aludir (vi)	sinspeel	[sinspeəl]
sobrentender (vt)	impliseer	[impliseər]
descripción (f)	beskrywing	[beskrajviŋ]
describir (vt)	beskryf	[beskrajf]
elogio (m)	lof	[lof]
elogiar (vt)	loof	[loəf]
decepción (f)	teleurstelling	[teløərstɛliŋ]
decepcionar (vt)	teleurstel	[teløərstəl]
estar decepcionado	teleurgestel	[teløərχestəl]
suposición (f)	veronderstelling	[feronderstɛliŋ]
suponer (vt)	veronderstel	[feronderstəl]
advertencia (f)	waarskuwing	[vãrskuviŋ]
prevenir (vt)	waarsku	[vãrsku]

64. La discusión y la conversación. Unidad 3

| convencer (vt) | ompraat | [omprãt] |
| calmar (vt) | kalmeer | [kalmeər] |

silencio (m) (~ es oro)	stilte	[stiltə]
callarse (vr)	stilbly	[stilblaj]
susurrar (vi, vt)	fluister	[flœistər]
susurro (m)	gefluister	[χeflœistər]

| francamente (adv) | openlik | [openlik] |
| en mi opinión ... | volgens my ... | [folχɛŋs maj ...] |

detalle (m) (de la historia)	besonderhede	[besondərhedə]
detallado (adj)	gedetailleerd	[χedetajlleərt]
detalladamente (adv)	in detail	[in detajl]
pista (f)	wenk	[vɛnk]

mirada (f)	kykie	[kajki]
echar una mirada	kyk	[kajk]
fija (mirada ~)	strak	[strak]
parpadear (vi)	knipper	[knippər]
guiñar un ojo	knipoog	[knipoeχ]
asentir con la cabeza	knik	[knik]

suspiro (m)	sug	[suχ]
suspirar (vi)	sug	[suχ]
estremecerse (vr)	huiwer	[hœivər]
gesto (m)	gebaar	[χebãr]
tocar (con la mano)	aanraak	[ãnrãk]
asir (~ de la mano)	vat	[fat]
palmear (~ la espalda)	op die skouer tik	[op di skæuər tik]

¡Cuidado!	Oppas!	[oppas!]
¿De veras?	Regtig?	[reχtəχ?]
¿Estás seguro?	Is jy seker?	[is jaj sekər?]
¡Suerte!	Voorspoed!	[foərspud!]
¡Ya veo!	Ek sien!	[ɛk sin!]
¡Es una lástima!	Jammer!	[jammər!]

65. El acuerdo. El rechazo

acuerdo (m)	toelating	[tulatiŋ]
estar de acuerdo	toelaat	[tulãt]
aprobación (f)	goedkeuring	[χudkøəriŋ]
aprobar (vt)	goedkeur	[χudkøər]
rechazo (m)	weiering	[væjeriŋ]
negarse (vr)	weier	[væjer]

¡Excelente!	Wonderlik!	[vondərlik!]
¡De acuerdo!	Goed!	[χud!]
¡Vale!	OK!	[okej!]
prohibido (adj)	verbode	[ferbodə]

está prohibido	**dit is verbode**	[dit is ferbodə]
es imposible	**dis onmoontlik**	[dis onmoentlik]
incorrecto (adj)	**onjuis**	[onjœis]
rechazar (vt)	**verwerp**	[ferwerp]
apoyar (la decisión)	**steun**	[støən]
aceptar (vt)	**aanvaar**	[ānfār]
confirmar (vt)	**bevestig**	[befestəχ]
confirmación (f)	**bevestiging**	[befestəχiŋ]
permiso (m)	**toelating**	[tulatiŋ]
permitir (vt)	**toelaat**	[tulāt]
decisión (f)	**besluit**	[beslœit]
no decir nada	**stilbly**	[stilblaj]
condición (f)	**voorwaarde**	[foərwārdə]
excusa (f) (pretexto)	**verskoning**	[ferskoniŋ]
elogio (m)	**lof**	[lof]
elogiar (vt)	**loof**	[loəf]

66. El éxito. La buena suerte. El Fracaso

éxito (m)	**sukses**	[suksɛs]
con éxito (adv)	**suksesvol**	[suksɛsfol]
exitoso (adj)	**suksesvol**	[suksɛsfol]
suerte (f)	**geluk**	[χeluk]
¡Suerte!	**Voorspoed!**	[foərspud!]
de suerte (día ~)	**geluks-**	[χeluks-]
afortunado (adj)	**gelukkig**	[χelukkəχ]
fiasco (m)	**mislukking**	[mislukkiŋ]
infortunio (m)	**teëspoed**	[teɛsput]
mala suerte (f)	**teëspoed**	[teɛsput]
fracasado (adj)	**onsuksesvol**	[ɔŋsuksɛsfol]
catástrofe (f)	**katastrofe**	[katastrofə]
orgullo (m)	**trots**	[trots]
orgulloso (adj)	**trots**	[trots]
estar orgulloso	**trots wees**	[trots veəs]
ganador (m)	**wenner**	[vɛnnər]
ganar (vi)	**wen**	[ven]
perder (vi)	**verloor**	[ferloər]
tentativa (f)	**probeerslag**	[probeərslaχ]
intentar (tratar)	**probeer**	[probeər]
chance (f)	**kans**	[kaŋs]

67. Las discusiones. Las emociones negativas

grito (m)	**skreeu**	[skriʋ]
gritar (vi)	**skreeu**	[skriʋ]

comenzar a gritar	begin skreeu	[beχin skriʊ]
disputa (f), riña (f)	rusie	[rusi]
reñir (vi)	baklei	[baklæj]
escándalo (m) (riña)	stryery	[strajeraj]
causar escándalo	spektakel maak	[spektakəl mãk]
conflicto (m)	konflik	[konflik]
malentendido (m)	misverstand	[misferstant]

insulto (m)	belediging	[beledəχiŋ]
insultar (vt)	beledig	[beledəχ]
insultado (adj)	beledig	[beledəχ]
ofensa (f)	gekrenktheid	[χekrɛnkthæjt]
ofender (vt)	beledig	[beledəχ]
ofenderse (vr)	gekrenk voel	[χekrɛnk ful]

indignación (f)	verontwaardiging	[ferontwãrdəχiŋ]
indignarse (vr)	verontwaardig wees	[ferontwãrdəχ veəs]
queja (f)	klag	[klaχ]
quejarse (vr)	kla	[kla]

disculpa (f)	verskoning	[ferskoniŋ]
disculparse (vr)	verskoning vra	[ferskoniŋ fra]
pedir perdón	om verskoning vra	[om ferskoniŋ fra]

crítica (f)	kritiek	[kritik]
criticar (vt)	kritiseer	[kritiseər]
acusación (f)	beskuldiging	[beskuldəχiŋ]
acusar (vt)	beskuldig	[beskuldəχ]

venganza (f)	wraak	[vrãk]
vengar (vt)	wreek	[vreək]
pagar (vt)	wraak neem	[vrãk neəm]

desprecio (m)	minagting	[minaχtiŋ]
despreciar (vt)	minag	[minaχ]
odio (m)	haat	[hãt]
odiar (vt)	haat	[hãt]

nervioso (adj)	senuweeagtig	[senuveə·aχtəχ]
estar nervioso	senuweeagtig wees	[senuveə·aχtəχ veəs]
enfadado (adj)	kwaad	[kwãt]
enfadar (vt)	kwaad maak	[kwãt mãk]

humillación (f)	vernedering	[fernedəriŋ]
humillar (vt)	verneder	[fernedər]
humillarse (vr)	jouself verneder	[jæʊsɛlf fernedər]

| choque (m) | skok | [skok] |
| chocar (vi) | skok | [skok] |

| molestia (f) (problema) | probleme | [probləmə] |
| desagradable (adj) | onaangenaam | [onãnχənãm] |

miedo (m)	vrees	[freəs]
terrible (tormenta, etc.)	verskriklik	[ferskriklik]
de miedo (historia ~)	vreesaanjaend	[freəsãnjaent]

| horror (m) | afgryse | [afχrajsə] |
| horrible (adj) | vreeslik | [freəslik] |

empezar a temblar	begin beef	[beχin beəf]
llorar (vi)	huil	[hœil]
comenzar a llorar	begin huil	[beχin hœil]
lágrima (f)	traan	[trān]

culpa (f)	skuld	[skult]
remordimiento (m)	skuldgevoel	[skultχəful]
deshonra (f)	skande	[skandə]
protesta (f)	protes	[protes]
estrés (m)	stres	[stres]

molestar (vt)	steur	[støər]
estar furioso	woedend wees	[vudent veəs]
enfadado (adj)	kwaad	[kwāt]
terminar (vt)	beëindig	[beɛindəχ]
regañar (vt)	sweer	[sweər]

asustarse (vr)	skrik	[skrik]
golpear (vt)	slaan	[slān]
pelear (vi)	baklei	[baklæj]

resolver (~ la discusión)	besleg	[besleχ]
descontento (adj)	ontevrede	[ontefredə]
furioso (adj)	woedend	[vudent]

| ¡No está bien! | Dis nie goed nie! | [dis ni χut ni!] |
| ¡Está mal! | Dis sleg! | [dis sleχ!] |

La medicina

68. Las enfermedades

enfermedad (f)	siekte	[siktə]
estar enfermo	siek wees	[sik veəs]
salud (f)	gesondheid	[χesonthæjt]
resfriado (m) (coriza)	loopneus	[loəpnøəs]
angina (f)	keelontsteking	[keəl·ontstekiŋ]
resfriado (m)	verkoue	[ferkæuə]
bronquitis (f)	bronchitis	[bronχitis]
pulmonía (f)	longontsteking	[loŋ·ontstekiŋ]
gripe (f)	griep	[χrip]
miope (adj)	bysiende	[bajsində]
présbita (adj)	versiende	[fersində]
estrabismo (m)	skeelheid	[skeəlhæjt]
estrábico (m) (adj)	skeel	[skeəl]
catarata (f)	katarak	[katarak]
glaucoma (f)	gloukoom	[χlæukoəm]
insulto (m)	beroerte	[berurtə]
ataque (m) cardiaco	hartaanval	[hart·ānfal]
infarto (m) de miocardio	hartinfark	[hart·infark]
parálisis (f)	verlamming	[ferlammiŋ]
paralizar (vt)	verlam	[ferlam]
alergia (f)	allergie	[allerχi]
asma (f)	asma	[asma]
diabetes (m)	suikersiekte	[sœikər·siktə]
dolor (m) de muelas	tandpyn	[tand·pajn]
caries (f)	tandbederf	[tand·bederf]
diarrea (f)	diarree	[diarreə]
estreñimiento (m)	hardlywigheid	[hardlajviχæjt]
molestia (f) estomacal	maagongesteldheid	[māχ·oŋəstɛldhæjt]
envenenamiento (m)	voedselvergiftiging	[fudsəl·ferχiftəχiŋ]
envenenarse (vr)	voedselvergiftiging kry	[fudsəl·ferχiftəχiŋ kraj]
artritis (f)	artritis	[artritis]
raquitismo (m)	Engelse siekte	[ɛŋəlsə siktə]
reumatismo (m)	reumatiek	[røəmatik]
ateroesclerosis (f)	artrosklerose	[artrosklerosə]
gastritis (f)	maagontsteking	[māχ·ontstekiŋ]
apendicitis (f)	blindedermontsteking	[blindəderm·ontstekiŋ]
colecistitis (m)	galblaasontsteking	[χalblās·ontstekiŋ]

úlcera (f)	maagsweer	[mãχsweər]
sarampión (m)	masels	[masɛls]
rubeola (f)	Duitse masels	[dœitsə masɛls]
ictericia (f)	geelsug	[χeəlsuχ]
hepatitis (f)	hepatitis	[hepatitis]

esquizofrenia (f)	skisofrenie	[skisofreni]
rabia (f) (hidrofobia)	hondsdolheid	[hondsdolhæjt]
neurosis (f)	neurose	[nøərosə]
conmoción (m) cerebral	harsingskudding	[harsiŋ·skuddiŋ]

cáncer (m)	kanker	[kankər]
esclerosis (f)	sklerose	[sklerosə]
esclerosis (m) múltiple	veelvuldige sklerose	[feəlfuldiχə sklerosə]

alcoholismo (m)	alkoholisme	[alkoholismə]
alcohólico (m)	alkoholikus	[alkoholikus]
sífilis (f)	sifilis	[sifilis]
SIDA (f)	VIGS	[vigs]

tumor (m)	tumor	[tumor]
maligno (adj)	kwaadaardig	[kwãdãrdəχ]
benigno (adj)	goedaardig	[χudãrdəχ]

fiebre (f)	koors	[koərs]
malaria (f)	malaria	[malaria]
gangrena (f)	gangreen	[χanχreən]
mareo (m)	seesiekte	[seə·siktə]
epilepsia (f)	epilepsie	[ɛpilepsi]

epidemia (f)	epidemie	[ɛpidemi]
tifus (m)	tifus	[tifus]
tuberculosis (f)	tuberkulose	[tuberkulosə]
cólera (f)	cholera	[χolera]
peste (f)	pes	[pes]

69. Los síntomas. Los tratamientos. Unidad 1

síntoma (m)	simptoom	[simptoəm]
temperatura (f)	temperatuur	[temperatɪr]
fiebre (f)	koors	[koərs]
pulso (m)	polsslag	[pols·slaχ]

mareo (m) (vértigo)	duiseligheid	[dœiseliχæjt]
caliente (adj)	warm	[varm]
escalofrío (m)	koue rillings	[kæʊə rilliŋs]
pálido (adj)	bleek	[bleək]

tos (f)	hoes	[hus]
toser (vi)	hoes	[hus]
estornudar (vi)	nies	[nis]
desmayo (m)	floute	[flæʊtə]
desmayarse (vr)	flou word	[flæʊ vort]
moradura (f)	blou kol	[blæʊ kol]

chichón (m)	knop	[knop]
golpearse (vr)	stamp	[stamp]
magulladura (f)	besering	[beseriŋ]
cojear (vi)	hink	[hink]
dislocación (f)	ontwrigting	[ontwriχtiŋ]
dislocar (vt)	ontwrig	[ontwrəχ]
fractura (f)	breuk	[brøøk]
tener una fractura	n breuk hê	[n brøøk hɛː]
corte (m) (tajo)	sny	[snaj]
cortarse (vr)	jouself sny	[jæʊsɛlf snaj]
hemorragia (f)	bloeding	[bludiŋ]
quemadura (f)	brandwond	[brant·vont]
quemarse (vr)	jouself brand	[jæʊsɛlf brant]
pincharse (el dedo)	prik	[prik]
pincharse (vr)	jouself prik	[jæʊsɛlf prik]
herir (vt)	seermaak	[seermāk]
herida (f)	besering	[beseriŋ]
lesión (f) (herida)	wond	[vont]
trauma (m)	trauma	[trɔuma]
delirar (vi)	yl	[ajl]
tartamudear (vi)	stotter	[stottər]
insolación (f)	sonsteek	[sɔŋ·steek]

70. Los síntomas. Los tratamientos. Unidad 2

dolor (m)	pyn	[pajn]
astilla (f)	splinter	[splintər]
sudor (m)	sweet	[sweət]
sudar (vi)	sweet	[sweət]
vómito (m)	braak	[brāk]
convulsiones (f)	stuiptrekkings	[stœip·trɛkkiŋs]
embarazada (adj)	swanger	[swaŋər]
nacer (vi)	gebore word	[χeborə vort]
parto (m)	geboorte	[χeboərtə]
dar a luz	baar	[bār]
aborto (m)	aborsie	[aborsi]
respiración (f)	asemhaling	[asemhaliŋ]
inspiración (f)	inaseming	[inasemiŋ]
espiración (f)	uitaseming	[œitasemiŋ]
espirar (vi)	uitasem	[œitasem]
inspirar (vi)	inasem	[inasem]
inválido (m)	invalide	[infalidə]
mutilado (m)	kreupel	[krøəpəl]
drogadicto (m)	dwelmslaaf	[dwɛlm·slāf]
sordo (adj)	doof	[doəf]

| mudo (adj) | stom | [stom] |
| sordomudo (adj) | doofstom | [doəf·stom] |

loco (adj)	swaksinnig	[swaksinnəχ]
loco (m)	kranksinnige	[kranksinniχə]
loca (f)	kranksinnige	[kranksinniχə]
volverse loco	kranksinnig word	[kranksinnəχ vort]

gen (m)	geen	[χeən]
inmunidad (f)	immuniteit	[immunitæjt]
hereditario (adj)	erflik	[ɛrflik]
de nacimiento (adj)	aangebore	[ānχəborə]

virus (m)	virus	[firus]
microbio (m)	mikrobe	[mikrobə]
bacteria (f)	bakterie	[bakteri]
infección (f)	infeksie	[infeksi]

71. Los síntomas. Los tratamientos. Unidad 3

| hospital (m) | hospitaal | [hospitāl] |
| paciente (m) | pasiënt | [pasiɛnt] |

diagnosis (f)	diagnose	[diaχnosə]
cura (f)	genesing	[χenəsiŋ]
tratamiento (m)	mediese behandeling	[medisə behandəliŋ]
curarse (vr)	behandeling kry	[behandəliŋ kraj]
tratar (vt)	behandel	[behandəl]
cuidar (a un enfermo)	versorg	[fersorχ]
cuidados (m pl)	versorging	[fersorχiŋ]

operación (f)	operasie	[operasi]
vendar (vt)	verbind	[ferbint]
vendaje (m)	verband	[ferbant]
vacunación (f)	inenting	[inɛntiŋ]
vacunar (vt)	inent	[inɛnt]
inyección (f)	inspuiting	[inspœitiŋ]

ataque (m)	aanval	[ānfal]
amputación (f)	amputasie	[amputasi]
amputar (vt)	amputeer	[amputeər]
coma (m)	koma	[koma]
revitalización (f)	intensiewe sorg	[intɛnsivə sorχ]

recuperarse (vr)	herstel	[herstəl]
estado (m) (de salud)	kondisie	[kondisi]
consciencia (f)	bewussyn	[bəvussajn]
memoria (f)	geheue	[χəhøə]

extraer (un diente)	trek	[trek]
empaste (m)	vulsel	[fulsəl]
empastar (vt)	vul	[ful]
hipnosis (f)	hipnose	[hipnosə]
hipnotizar (vt)	hipnotiseer	[hipnotiseər]

72. Los médicos

médico (m)	dokter	[doktər]
enfermera (f)	verpleegster	[ferpleəχ·stər]
médico (m) personal	lyfarts	[lajf·arts]
dentista (m)	tandarts	[tand·arts]
oftalmólogo (m)	oogarts	[oəχ·arts]
internista (m)	internis-	[internis]
cirujano (m)	chirurg	[ʃirurχ]
psiquiatra (m)	psigiater	[psiχiatər]
pediatra (m)	kinderdokter	[kindər·doktər]
psicólogo (m)	sielkundige	[silkundiχə]
ginecólogo (m)	ginekoloog	[χinekoloəχ]
cardiólogo (m)	kardioloog	[kardioloəχ]

73. La medicina. Las drogas. Los accesorios

medicamento (m), droga (f)	medisyn	[medisajn]
remedio (m)	geneesmiddel	[χeneəs·middəl]
prescribir (vt)	voorskryf	[foərskrajf]
receta (f)	voorskrif	[foərskrif]
tableta (f)	pil	[pil]
ungüento (m)	salf	[salf]
ampolla (f)	ampul	[ampul]
mixtura (f), mezcla (f)	mengsel	[meŋsəl]
sirope (m)	stroop	[stroəp]
píldora (f)	pil	[pil]
polvo (m)	poeier	[pujer]
venda (f)	verband	[ferbant]
algodón (m) (discos de ~)	watte	[vattə]
yodo (m)	iodium	[iodium]
tirita (f), curita (f)	pleister	[plæjstər]
pipeta (f)	oogdrupper	[oəχ·druppər]
termómetro (m)	termometer	[termometər]
jeringa (f)	spuitnaald	[spœit·nãlt]
silla (f) de ruedas	rolstoel	[rol·stul]
muletas (f pl)	krukke	[krukkə]
anestésico (m)	pynstiller	[pajn·stillər]
purgante (m)	lakseermiddel	[lakseər·middəl]
alcohol (m)	spiritus	[spiritus]
hierba (f) medicinal	geneeskragtige kruie	[χeneəs·kraχtiχə krœiə]
de hierbas (té ~)	kruie-	[krœie-]

74. El fumar. Los productos del tabaco

tabaco (m)	tabak	[tabak]
cigarrillo (m)	sigaret	[siχaret]
cigarro (m)	sigaar	[siχār]
pipa (f)	pyp	[pajp]
paquete (m)	pakkie	[pakki]
cerillas (f pl)	vuurhoutjies	[fɪrhæʊkis]
caja (f) de cerillas	vuurhoutjiedosie	[fɪrhæʊki·dosi]
encendedor (m)	aansteker	[āŋstekər]
cenicero (m)	asbak	[asbak]
pitillera (f)	sigarethouer	[siχaret·hæʊər]
boquilla (f)	sigaretpypie	[siχaret·pajpi]
filtro (m)	filter	[filtər]
fumar (vi, vt)	rook	[roək]
encender un cigarrillo	aansteek	[āŋsteək]
tabaquismo (m)	rook	[roək]
fumador (m)	roker	[rokər]
colilla (f)	stompie	[stompi]
humo (m)	rook	[roək]
ceniza (f)	as	[as]

EL AMBIENTE HUMANO

La ciudad

75. La ciudad. La vida en la ciudad

ciudad (f)	stad	[stat]
capital (f)	hoofstad	[hoəf·stat]
aldea (f)	dorp	[dorp]
plano (m) de la ciudad	stadskaart	[stats·kãrt]
centro (m) de la ciudad	sentrum	[sentrum]
suburbio (m)	voorstad	[foərstat]
suburbano (adj)	voorstedelik	[foərstedelik]
arrabal (m)	buitewyke	[bœitəvajkə]
afueras (f pl)	omgewing	[omχeviŋ]
barrio (m)	stadswyk	[stats·wajk]
zona (f) de viviendas	woonbuurt	[voənbɪrt]
tráfico (m)	verkeer	[ferkeər]
semáforo (m)	robot	[robot]
transporte (m) urbano	openbare vervoer	[openbarə ferfur]
cruce (m)	kruispunt	[krœis·punt]
paso (m) de peatones	sebraoorgang	[sebra·oərχaŋ]
paso (m) subterráneo	voetgangertonnel	[futχaŋər·tonnəl]
cruzar (vt)	oorsteek	[oərsteək]
peatón (m)	voetganger	[futχaŋər]
acera (f)	sypaadjie	[saj·pãdʒi]
puente (m)	brug	[bruχ]
muelle (m)	wal	[val]
fuente (f)	fontein	[fontæjn]
alameda (f)	laning	[laniŋ]
parque (m)	park	[park]
bulevar (m)	boulevard	[bulefar]
plaza (f)	plein	[plæjn]
avenida (f)	laan	[lãn]
calle (f)	straat	[strãt]
callejón (m)	systraat	[saj·strãt]
callejón (m) sin salida	doodloopstraat	[doədloəp·strãt]
casa (f)	huis	[hœis]
edificio (m)	gebou	[χebæʊ]
rascacielos (m)	wolkekrabber	[volkə·krabbər]
fachada (f)	gewel	[χevəl]
techo (m)	dak	[dak]

ventana (f)	venster	[fɛŋstər]
arco (m)	arkade	[arkadə]
columna (f)	kolom	[kolom]
esquina (f)	hoek	[huk]

escaparate (f)	uitstalraam	[œitstalrām]
letrero (m) (~ luminoso)	reklamebord	[reklamə·bort]
cartel (m)	plakkaat	[plakkāt]
cartel (m) publicitario	reklameplakkaat	[reklamə·plakkāt]
valla (f) publicitaria	aanplakbord	[ānplakbort]

basura (f)	vullis	[fullis]
cajón (m) de basura	vullisbak	[fullis·bak]
tirar basura	rommel strooi	[rommǝl stroj]
basurero (m)	vullishoop	[fullis·hoǝp]

cabina (f) telefónica	telefoonhokkie	[telefoǝn·hokki]
farola (f)	lamppaal	[lamp·pāl]
banco (m) (del parque)	bank	[bank]

policía (m)	polisieman	[polisi·man]
policía (f) (~ nacional)	polisie	[polisi]
mendigo (m)	bedelaar	[bedelār]
persona (f) sin hogar	daklose	[daklosǝ]

76. Las instituciones urbanas

tienda (f)	winkel	[vinkǝl]
farmacia (f)	apteek	[apteǝk]
óptica (f)	optisiën	[optisiɛn]
centro (m) comercial	winkelsentrum	[vinkǝl·sentrum]
supermercado (m)	supermark	[supermark]

panadería (f)	bakkery	[bakkeraj]
panadero (m)	bakker	[bakkǝr]
pastelería (f)	banketbakkery	[banket·bakkeraj]
tienda (f) de comestibles	kruidenierswinkel	[krœidenirs·vinkǝl]
carnicería (f)	slagter	[slaχtǝr]

| verdulería (f) | groentewinkel | [χruntǝ·vinkǝl] |
| mercado (m) | mark | [mark] |

cafetería (f)	koffiekroeg	[koffi·kruχ]
restaurante (m)	restaurant	[restourant]
cervecería (f)	kroeg	[kruχ]
pizzería (f)	pizzeria	[pizzeria]

peluquería (f)	haarsalon	[hār·salon]
oficina (f) de correos	poskantoor	[pos·kantoǝr]
tintorería (f)	droogskoonmakers	[droǝχ·skoǝn·makers]
estudio (m) fotográfico	fotostudio	[foto·studio]

| zapatería (f) | skoenwinkel | [skun·vinkǝl] |
| librería (f) | boekhandel | [buk·handǝl] |

tienda (f) deportiva	sportwinkel	[sport·vinkəl]
arreglos (m pl) de ropa	klereherstelwinkel	[klerə·herstəl·vinkəl]
alquiler (m) de ropa	klereverhuurwinkel	[klerə·ferhɪr·vinkəl]
videoclub (m)	videowinkel	[video·vinkəl]
circo (m)	sirkus	[sirkus]
zoo (m)	dieretuin	[dirə·tœin]
cine (m)	bioskoop	[bioskoəp]
museo (m)	museum	[musøəm]
biblioteca (f)	biblioteek	[biblioteək]
teatro (m)	teater	[teatər]
ópera (f)	opera	[opera]
club (m) nocturno	nagklub	[naχ·klup]
casino (m)	kasino	[kasino]
mezquita (f)	moskee	[moskeə]
sinagoga (f)	sinagoge	[sinaχoχə]
catedral (f)	katedraal	[katedrāl]
templo (m)	tempel	[tempəl]
iglesia (f)	kerk	[kerk]
instituto (m)	kollege	[kolledʒ]
universidad (f)	universiteit	[unifersitæjt]
escuela (f)	skool	[skoəl]
prefectura (f)	stadhuis	[stat·hœis]
alcaldía (f)	stadhuis	[stat·hœis]
hotel (m)	hotel	[hotəl]
banco (m)	bank	[bank]
embajada (f)	ambassade	[ambassadə]
agencia (f) de viajes	reisagentskap	[ræjs·aχentskap]
oficina (f) de información	inligtingskantoor	[inliχtiŋs·kantoər]
oficina (f) de cambio	wisselkantoor	[vissəl·kantoər]
metro (m)	metro	[metro]
hospital (m)	hospitaal	[hospitāl]
gasolinera (f)	petrolstasie	[petrol·stasi]
aparcamiento (m)	parkeerterrein	[parkeər·terræjn]

77. El transporte urbano

autobús (m)	bus	[bus]
tranvía (m)	trem	[trem]
trolebús (m)	trembus	[trembus]
itinerario (m)	busroete	[bus·rutə]
número (m)	nommer	[nommər]
ir en …	ry per …	[raj per …]
tomar (~ el autobús)	inklim	[inklim]
bajar (~ del tren)	uitklim …	[œitklim …]
parada (f)	halte	[haltə]

próxima parada (f)	volgende halte	[folχendə haltə]
parada (f) final	eindpunt	[æjnd·punt]
horario (m)	diensrooster	[diŋs·roəstər]
esperar (aguardar)	wag	[vaχ]
billete (m)	kaartjie	[kãrki]
precio (m) del billete	reistarief	[ræjs·tarif]
cajero (m)	kaartjieverkoper	[kãrki·ferkopər]
control (m) de billetes	kaartjiekontrole	[kãrki·kontrolə]
cobrador (m)	kontroleur	[kontroløər]
llegar tarde (vi)	laat wees	[lãt veəs]
perder (~ el tren)	mis	[mis]
tener prisa	haastig wees	[hãstəχ veəs]
taxi (m)	taxi	[taksi]
taxista (m)	taxibestuurder	[taksi·bestɪrdər]
en taxi	per taxi	[pər taksi]
parada (f) de taxi	taxistaanplek	[taksi·stãnplek]
tráfico (m)	verkeer	[ferkeər]
atasco (m)	verkeersknoop	[ferkeərs·knoəp]
horas (f pl) de punta	spitsuur	[spits·ɪr]
aparcar (vi)	parkeer	[parkeər]
aparcar (vt)	parkeer	[parkeər]
aparcamiento (m)	parkeerterrein	[parkeər·terræjn]
metro (m)	metro	[metro]
estación (f)	stasie	[stasi]
ir en el metro	die metro vat	[di metro fat]
tren (m)	trein	[træjn]
estación (f)	treinstasie	[træjn·stasi]

78. La exploración del paisaje

monumento (m)	monument	[monument]
fortaleza (f)	fort	[fort]
palacio (m)	paleis	[palæjs]
castillo (m)	kasteel	[kasteəl]
torre (f)	toring	[toriŋ]
mausoleo (m)	mausoleum	[mɔusoløəm]
arquitectura (f)	argitektuur	[arχitektɪr]
medieval (adj)	Middeleeus	[middeliʊs]
antiguo (adj)	oud	[æʊt]
nacional (adj)	nasionaal	[naʃionãl]
conocido (adj)	bekend	[bekent]
turista (m)	toeris	[turis]
guía (m) (persona)	gids	[χids]
excursión (f)	uitstappie	[œitstappi]
mostrar (vt)	wys	[vajs]
contar (una historia)	vertel	[fertəl]

encontrar (hallar)	vind	[fint]
perderse (vr)	verdwaal	[ferdwãl]
plano (m) (~ de metro)	kaart	[kãrt]
mapa (m) (~ de la ciudad)	kaart	[kãrt]

recuerdo (m)	aandenking	[ãndenkiŋ]
tienda (f) de regalos	geskenkwinkel	[xeskɛnk·vinkəl]
hacer fotos	fotografeer	[fotoxrafeər]
fotografiarse (vr)	jou portret laat maak	[jæʊ portret lãt mãk]

79. Las compras

comprar (vt)	koop	[koəp]
compra (f)	aankoop	[ãnkoəp]
hacer compras	inkopies doen	[inkopis dun]
compras (f pl)	inkoop	[inkoəp]

| estar abierto (tienda) | oop wees | [oəp veəs] |
| estar cerrado | toe wees | [tu veəs] |

calzado (m)	skoeisel	[skuisəl]
ropa (f), vestido (m)	klere	[klerə]
cosméticos (m pl)	kosmetika	[kosmetika]
productos alimenticios	voedingsware	[fudiŋs·warə]
regalo (m)	present	[present]

| vendedor (m) | verkoper | [ferkopər] |
| vendedora (f) | verkoopsdame | [ferkoəps·damə] |

caja (f)	kassier	[kassir]
espejo (m)	spieël	[spiɛl]
mostrador (m)	toonbank	[toən·bank]
probador (m)	paskamer	[pas·kamər]

probar (un vestido)	aanpas	[ãnpas]
quedar (una ropa, etc.)	pas	[pas]
gustar (vi)	hou van	[hæʊ fan]

precio (m)	prys	[prajs]
etiqueta (f) de precio	pryskaartjie	[prajs·kãrki]
costar (vt)	kos	[kos]
¿Cuánto?	Hoeveel?	[hufeəl?]
descuento (m)	afslag	[afslax]

| no costoso (adj) | billik | [billik] |
| barato (adj) | goedkoop | [xudkoəp] |

| caro (adj) | duur | [dɪr] |
| Es caro | dis duur | [dis dɪr] |

alquiler (m)	verhuur	[ferhɪr]
alquilar (vt)	verhuur	[ferhɪr]
crédito (m)	krediet	[kredit]
a crédito (adv)	op krediet	[op kredit]

80. El dinero

dinero (m)	geld	[χɛlt]
cambio (m)	valutaruil	[faluta·rœil]
curso (m)	wisselkoers	[vissəl·kurs]
cajero (m) automático	OTM	[o·te·em]
moneda (f)	muntstuk	[muntstuk]
dólar (m)	dollar	[dollar]
euro (m)	euro	[øəro]
lira (f)	lira	[lira]
marco (m) alemán	Duitse mark	[dœitsə mark]
franco (m)	frank	[frank]
libra esterlina (f)	pond sterling	[pont sterliŋ]
yen (m)	yen	[jɛn]
deuda (f)	skuld	[skult]
deudor (m)	skuldenaar	[skuldenār]
prestar (vt)	uitleen	[œitleən]
tomar prestado	leen	[leən]
banco (m)	bank	[bank]
cuenta (f)	rekening	[rekəniŋ]
ingresar (~ en la cuenta)	deponeer	[deponeər]
sacar de la cuenta	trek	[trek]
tarjeta (f) de crédito	kredietkaart	[kredit·kārt]
dinero (m) en efectivo	kontant	[kontant]
cheque (m)	tjek	[ʧek]
talonario (m)	tjekboek	[ʧek·buk]
cartera (f)	beursie	[bøərsi]
monedero (m)	muntstukbeursie	[muntstuk·bøərsi]
caja (f) fuerte	brandkas	[brant·kas]
heredero (m)	erfgenaam	[ɛrfχənām]
herencia (f)	erfenis	[ɛrfenis]
fortuna (f)	fortuin	[fortœin]
arriendo (m)	huur	[hɪr]
alquiler (m) (dinero)	huur	[hɪr]
alquilar (~ una casa)	huur	[hɪr]
precio (m)	prys	[prajs]
coste (m)	prys	[prajs]
suma (f)	som	[som]
gastar (vt)	spandeer	[spandeər]
gastos (m pl)	onkoste	[onkostə]
economizar (vi, vt)	besuinig	[besœinəχ]
económico (adj)	ekonomies	[ɛkonomis]
pagar (vi, vt)	betaal	[betāl]
pago (m)	betaling	[betaliŋ]

cambio (m) (devolver el ~)	wisselgeld	[vissəl·χɛlt]
impuesto (m)	belasting	[belastiŋ]
multa (f)	boete	[butə]
multar (vt)	beboet	[bebut]

81. La oficina de correos

oficina (f) de correos	poskantoor	[pos·kantoər]
correo (m) (cartas, etc.)	pos	[pos]
cartero (m)	posbode	[pos·bodə]
horario (m) de apertura	besigheidsure	[besiχæjts·urə]

carta (f)	brief	[brif]
carta (f) certificada	geregistreerde brief	[χereχistreərdə brif]
tarjeta (f) postal	poskaart	[pos·kārt]
telegrama (m)	telegram	[teleχram]
paquete (m) postal	pakkie	[pakki]
giro (m) postal	geldoorplasing	[χɛld·oərplasiŋ]

recibir (vt)	ontvang	[ontfaŋ]
enviar (vt)	stuur	[stɪr]
envío (m)	versending	[fersendiŋ]

dirección (f)	adres	[adres]
código (m) postal	poskode	[pos·kodə]
expedidor (m)	sender	[sendər]
destinatario (m)	ontvanger	[ontfaŋər]

| nombre (m) | voornaam | [foərnãm] |
| apellido (m) | van | [fan] |

tarifa (f)	postarief	[pos·tarif]
ordinario (adj)	standaard	[standārt]
económico (adj)	ekonomies	[ɛkonomis]

peso (m)	gewig	[χeveχ]
pesar (~ una carta)	weeg	[veəχ]
sobre (m)	koevert	[kufert]
sello (m)	posseël	[pos·seɛl]

La vivienda. La casa. El hogar

82. La casa. La vivienda

casa (f)	huis	[hœis]
en casa (adv)	tuis	[tœis]
patio (m)	werf	[verf]
verja (f)	omheining	[omhæjniŋ]
ladrillo (m)	baksteen	[baksteən]
de ladrillo (adj)	baksteen-	[baksteən-]
piedra (f)	klip	[klip]
de piedra (adj)	klip-	[klip-]
hormigón (m)	beton	[beton]
de hormigón (adj)	beton-	[beton-]
nuevo (adj)	nuut	[nɪt]
viejo (adj)	ou	[æʊ]
deteriorado (adj)	vervalle	[ferfallə]
moderno (adj)	moderne	[modernə]
de muchos pisos	multiverdieping-	[multi·ferdipiŋ-]
alto (adj)	hoë	[hoɛ]
piso (m)	verdieping	[ferdipiŋ]
de un solo piso	enkelverdieping	[ɛnkəl·ferdipiŋ]
piso (m) bajo	eerste verdieping	[eərstə ferdipiŋ]
piso (m) alto	boonste verdieping	[boəŋstə verdipiŋ]
techo (m)	dak	[dak]
chimenea (f)	skoorsteen	[skoərsteən]
tejas (f pl)	dakteëls	[dakteɛls]
de tejas (adj)	geteël	[χeteɛl]
desván (m)	solder	[soldər]
ventana (f)	venster	[fɛŋstər]
vidrio (m)	glas	[χlas]
alféizar (m)	vensterbank	[fɛŋstər·bank]
contraventanas (f pl)	luik	[lœik]
pared (f)	muur	[mɪr]
balcón (m)	balkon	[balkon]
gotera (f)	reënpyp	[reɛn·pajp]
arriba (estar ~)	bo	[bo]
subir (vi)	boontoe gaan	[boentu χān]
descender (vi)	afkom	[afkom]
mudarse (vr)	verhuis	[ferhœis]

83. La casa. La entrada. El ascensor

entrada (f)	ingang	[inχaŋ]
escalera (f)	trap	[trap]
escalones (m)	treetjies	[treəkis]
baranda (f)	leuning	[løəniŋ]
vestíbulo (m)	voorportaal	[foər·portāl]

buzón (m)	posbus	[pos·bus]
contenedor (m) de basura	vullisblik	[fullis·blik]
bajante (f) de basura	vullisgeut	[fullis·χøət]

ascensor (m)	hysbak	[hajsbak]
ascensor (m) de carga	vraghysbak	[fraχ·hajsbak]
cabina (f)	hysbak	[hajsbak]
ir en el ascensor	hysbak neem	[hajsbak neəm]

apartamento (m)	woonstel	[voəŋstəl]
inquilinos (m)	bewoners	[bevoners]
vecino (m)	buurman	[bɪrman]
vecina (f)	buurvrou	[bɪrfræʋ]
vecinos (m pl)	bure	[burə]

84. La casa. Las puertas. Los candados

puerta (f)	deur	[døər]
portón (m)	hek	[hek]
tirador (m)	deurknop	[døər·knop]
abrir el cerrojo	oopsluit	[oəpslœit]
abrir (vt)	oopmaak	[oəpmāk]
cerrar (vt)	sluit	[slœit]

| llave (f) | sleutel | [sløətəl] |
| manojo (m) de llaves | bos | [bos] |

crujir (vi)	kraak	[krāk]
crujido (m)	gekraak	[χekrāk]
gozne (m)	skarnier	[skarnir]
felpudo (m)	deurmat	[døər·mat]

cerradura (f)	deurslot	[døər·slot]
ojo (m) de cerradura	sleutelgat	[sløətəl·χat]
cerrojo (m)	grendel	[χrendəl]
pestillo (m)	deurknip	[døər·knip]
candado (m)	hangslot	[haŋslot]

tocar el timbre	lui	[lœi]
campanillazo (f)	gelui	[χelœi]
timbre (m)	deurklokkie	[døər·klokki]
botón (m)	belknoppie	[bɛl·knoppi]

| llamada (f) | klop | [klop] |
| llamar (vi) | klop | [klop] |

código (m)	kode	[kodə]
cerradura (f) de contraseña	kombinasieslot	[kombinasi·slot]
telefonillo (m)	interkom	[interkom]
número (m)	nommer	[nommər]
placa (f) de puerta	naambordjie	[nām·bordʒi]
mirilla (f)	loergaatjie	[lurχāki]

85. La casa de campo

aldea (f)	dorp	[dorp]
huerta (f)	groentetuin	[χruntə·tœin]
empalizada (f)	heining	[hæjniŋ]
valla (f)	spitspaalheining	[spitspāl·hæjniŋ]
puertecilla (f)	tuinhekkie	[tœin·hɛkki]
granero (m)	graanstoorplek	[χrān·stoərplek]
sótano (m)	wortelkelder	[vortəl·keldər]
cobertizo (m)	tuinhuisie	[tœin·hœisi]
pozo (m)	waterput	[vatər·put]
estufa (f)	houtkaggel	[hæʊt·kaχχəl]
calentar la estufa	die houtkaggel stook	[di hæʊt·kaχχəl stoək]
leña (f)	brandhout	[brant·hæʊt]
leño (m)	stomp	[stomp]
veranda (f)	stoep	[stup]
terraza (f)	dek	[dek]
porche (m)	ingangstrappie	[inχaŋs·trappi]
columpio (m)	swaai	[swāi]

86. El castillo. El palacio

castillo (m)	kasteel	[kasteəl]
palacio (m)	paleis	[palæjs]
fortaleza (f)	fort	[fort]
muralla (f)	ringmuur	[riŋ·mɪr]
torre (f)	toring	[toriŋ]
torre (f) principal	toring	[toriŋ]
rastrillo (m)	valhek	[falhek]
pasaje (m) subterráneo	tonnel	[tonnəl]
foso (m) del castillo	grag	[χraχ]
cadena (f)	ketting	[kɛttiŋ]
aspillera (f)	skietgat	[skitχat]
magnífico (adj)	pragtig	[praχtəχ]
majestuoso (adj)	majestueus	[majestuøes]
inexpugnable (adj)	onneembaar	[onneəmbār]
medieval (adj)	Middeleeus	[middeliʊs]

87. El apartamento

apartamento (m)	woonstel	[voəŋstəl]
habitación (f)	kamer	[kamər]
dormitorio (m)	slaapkamer	[slāp·kamər]
comedor (m)	eetkamer	[eət·kamər]
salón (m)	sitkamer	[sit·kamər]
despacho (m)	studeerkamer	[studeər·kamər]
antecámara (f)	ingangsportaal	[inχaŋs·portāl]
cuarto (m) de baño	badkamer	[bad·kamər]
servicio (m)	toilet	[tojlet]
techo (m)	plafon	[plafon]
suelo (m)	vloer	[flur]
rincón (m)	hoek	[huk]

88. El apartamento. La limpieza

hacer la limpieza	skoonmaak	[skoənmāk]
quitar (retirar)	bêre	[bærə]
polvo (m)	stof	[stof]
polvoriento (adj)	stoffig	[stoffəχ]
limpiar el polvo	afstof	[afstof]
aspirador (m)	stofsuier	[stof·sœiər]
limpiar con la aspiradora	stofsuig	[stofsœiχ]
barrer (vi, vt)	vee	[feə]
barreduras (f pl)	veegsel	[feəχsəl]
orden (m)	orde	[ordə]
desorden (m)	wanorde	[vanordə]
fregona (f)	mop	[mop]
trapo (m)	stoflap	[stoflap]
escoba (f)	kort besem	[kort besem]
cogedor (m)	skoppie	[skoppi]

89. Los muebles. El interior

muebles (m pl)	meubels	[møəbɛls]
mesa (f)	tafel	[tafel]
silla (f)	stoel	[stul]
cama (f)	bed	[bet]
sofá (m)	rusbank	[rusbank]
sillón (m)	gemakstoel	[χemak·stul]
librería (f)	boekkas	[buk·kas]
estante (m)	rak	[rak]
armario (m)	klerekas	[klerə·kas]
percha (f)	kapstok	[kapstok]

perchero (m) de pie	kapstok	[kapstok]
cómoda (f)	laaikas	[lãjkas]
mesa (f) de café	koffietafel	[koffi·tafəl]

espejo (m)	spieël	[spiɛl]
tapiz (m)	mat	[mat]
alfombra (f)	matjie	[maki]

chimenea (f)	vuurherd	[fɪr·hert]
candela (f)	kers	[kers]
candelero (m)	kandelaar	[kandelãr]

cortinas (f pl)	gordyne	[xordajnə]
empapelado (m)	muurpapier	[mɪr·papir]
estor (m) de láminas	blindings	[blindiŋs]

lámpara (f) de mesa	tafellamp	[tafəl·lamp]
candil (m)	muurlamp	[mɪr·lamp]
lámpara (f) de pie	staanlamp	[stãn·lamp]
lámpara (f) de araña	kroonlugter	[kroən·luxtər]

pata (f) (~ de la mesa)	poot	[poət]
brazo (m)	armleuning	[arm·løəniŋ]
espaldar (m)	rugleuning	[rux·løəniŋ]
cajón (m)	laai	[lãi]

90. Los accesorios de la cama

ropa (f) de cama	beddegoed	[beddə·xut]
almohada (f)	kussing	[kussiŋ]
funda (f)	kussingsloop	[kussiŋ·sloəp]
manta (f)	duvet	[dufet]
sábana (f)	laken	[lakən]
sobrecama (f)	bedsprei	[bed·spræj]

91. La cocina

cocina (f)	kombuis	[kombœis]
gas (m)	gas	[xas]
cocina (f) de gas	gasstoof	[xas·stoəf]
cocina (f) eléctrica	elektriese stoof	[elektrisə stoəf]
horno (m)	oond	[oent]
horno (m) microondas	mikrogolfoond	[mikroxolf·oent]

frigorífico (m)	yskas	[ajs·kas]
congelador (m)	vrieskas	[friskas]
lavavajillas (m)	skottelgoedwasser	[skottɛlxud·wassər]

picadora (f) de carne	vleismeul	[flæjs·møəl]
exprimidor (m)	versapper	[fersappər]
tostador (m)	broodrooster	[broəd·roəstər]
batidora (f)	menger	[meŋər]

cafetera (f) (aparato de cocina)	koffiemasjien	[koffi·maʃin]
cafetera (f) (para servir)	koffiepot	[koffi·pot]
molinillo (m) de café	koffiemeul	[koffi·møəl]
hervidor (m) de agua	fluitketel	[flœit·ketəl]
tetera (f)	teepot	[teə·pot]
tapa (f)	deksel	[deksəl]
colador (m) de té	teesiffie	[teə·siffi]
cuchara (f)	lepel	[lepəl]
cucharilla (f)	teelepeltjie	[teə·lepəlki]
cuchara (f) de sopa	soplepel	[sop·lepəl]
tenedor (m)	vurk	[furk]
cuchillo (m)	mes	[mes]
vajilla (f)	tafelgerei	[tafel·χeræj]
plato (m)	bord	[bort]
platillo (m)	piering	[piriŋ]
vaso (m) de chupito	likeurglas	[likøər·χlas]
vaso (m) (~ de agua)	glas	[χlas]
taza (f)	koppie	[koppi]
azucarera (f)	suikerpot	[sœikər·pot]
salero (m)	soutvaatjie	[sæʊt·fāki]
pimentero (m)	pepervaatjie	[pepər·fāki]
mantequera (f)	botterbakkie	[bottər·bakki]
cacerola (f)	soppot	[sop·pot]
sartén (f)	braaipan	[brāj·pan]
cucharón (m)	opskeplepel	[opskep·lepəl]
colador (m)	vergiet	[ferχit]
bandeja (f)	skinkbord	[skink·bort]
botella (f)	bottel	[bottəl]
tarro (m) de vidrio	fles	[fles]
lata (f) de hojalata	blikkie	[blikki]
abrebotellas (m)	botteloopmaker	[bottəl·oəpmakər]
abrelatas (m)	blikoopmaker	[blik·oəpmakər]
sacacorchos (m)	kurktrekker	[kurk·trɛkkər]
filtro (m)	filter	[filtər]
filtrar (vt)	filter	[filtər]
basura (f)	vullis	[fullis]
cubo (m) de basura	vullisbak	[fullis·bak]

92. El baño

cuarto (m) de baño	badkamer	[bad·kamər]
agua (f)	water	[vatər]
grifo (m)	kraan	[krān]
agua (f) caliente	warme water	[varmə vatər]
agua (f) fría	koue water	[kæʊə vatər]

pasta (f) de dientes	tandepasta	[tandə·pasta]
limpiarse los dientes	tande borsel	[tandə borsəl]
cepillo (m) de dientes	tandeborsel	[tandə·borsəl]
afeitarse (vr)	skeer	[skeər]
espuma (f) de afeitar	skeerroom	[skeər·roəm]
maquinilla (f) de afeitar	skeermes	[skeər·mes]
lavar (vt)	was	[vas]
darse un baño	bad	[bat]
ducha (f)	stort	[stort]
darse una ducha	stort	[stort]
baño (m)	bad	[bat]
inodoro (m)	toilet	[tojlet]
lavabo (m)	wasbak	[vas·bak]
jabón (m)	seep	[seəp]
jabonera (f)	seepbakkie	[seəp·bakki]
esponja (f)	spons	[spɔŋs]
champú (m)	sjampoe	[ʃampu]
toalla (f)	handdoek	[handduk]
bata (f) de baño	badjas	[batjas]
colada (f), lavado (m)	was	[vas]
lavadora (f)	wasmasjien	[vas·maʃin]
lavar la ropa	die wasgoed was	[di vasχut vas]
detergente (m) en polvo	waspoeier	[vas·pujer]

93. Los aparatos domésticos

televisor (m)	TV-stel	[te·fe·stəl]
magnetófono (m)	bandspeler	[band·spelər]
vídeo (m)	videomasjien	[video·maʃin]
radio (f)	radio	[radio]
reproductor (m) (~ MP3)	speler	[spelər]
proyector (m) de vídeo	videoprojektor	[video·projektor]
sistema (m) home cinema	tuisfliekteater	[tœis·flik·teatər]
reproductor (m) de DVD	DVD-speler	[de·fe·de·spelər]
amplificador (m)	versterker	[fersterkər]
videoconsola (f)	videokonsole	[video·kɔŋsolə]
cámara (f) de vídeo	videokamera	[video·kamera]
cámara (f) fotográfica	kamera	[kamera]
cámara (f) digital	digitale kamera	[diχitalə kamera]
aspirador (m)	stofsuier	[stof·sœiər]
plancha (f)	strykyster	[strajk·ajstər]
tabla (f) de planchar	strykplank	[strajk·plank]
teléfono (m)	telefoon	[telefoən]
teléfono (m) móvil	selfoon	[sɛlfoən]

| máquina (f) de escribir | tikmasjien | [tik·maʃin] |
| máquina (f) de coser | naaimasjien | [naj·maʃin] |

micrófono (m)	mikrofoon	[mikrofoən]
auriculares (m pl)	koptelefoon	[kop·telefoən]
mando (m) a distancia	afstandsbeheer	[afstands·beheər]

CD (m)	CD	[se·de]
casete (m)	kasset	[kasset]
disco (m) de vinilo	plaat	[plãt]

94. Los arreglos. La renovación

renovación (f)	opknapwerk	[opknap·werk]
renovar (vt)	opknap	[opknap]
reparar (vt)	herstel	[herstəl]
poner en orden	aan kant maak	[ãn kant mãk]
rehacer (vt)	oordoen	[oərdun]

pintura (f)	verf	[ferf]
pintar (las paredes)	verf	[ferf]
pintor (m)	skilder	[skildər]
brocha (f)	verfborsel	[ferf·borsəl]

| cal (f) | witkalk | [vitkalk] |
| encalar (vt) | wit | [vit] |

empapelado (m)	muurpapier	[mɪr·papir]
empapelar (vt)	behang	[behaŋ]
barniz (m)	vernis	[fernis]
cubrir con barniz	vernis	[fernis]

95. La plomería

agua (f)	water	[vatər]
agua (f) caliente	warme water	[varmə vatər]
agua (f) fría	koue water	[kæʊə vatər]
grifo (m)	kraan	[krãn]

gota (f)	druppel	[druppəl]
gotear (el grifo)	drup	[drup]
gotear (cañería)	lek	[lek]
escape (f) de agua	lekkasie	[lɛkkasi]
charco (m)	poeletjie	[puləki]

tubo (m)	pyp	[pajp]
válvula (f)	kraan	[krãn]
estar atascado	verstop raak	[ferstop rãk]

instrumentos (m pl)	gereedskap	[χereədskap]
llave (f) inglesa	skroefsleutel	[skruf·sløətəl]
destornillar (vt)	losskroef	[losskruf]

atornillar (vt)	vasskroef	[fasskruf]
desatascar (vt)	oopmaak	[oəpmāk]
fontanero (m)	loodgieter	[loedχitər]
sótano (m)	kelder	[kɛldər]
alcantarillado (m)	riolering	[riolerin]

96. El fuego. El Incendio

fuego (m)	brand	[brant]
llama (f)	vlam	[flam]
chispa (f)	vonk	[fonk]
humo (m)	rook	[roək]
antorcha (f)	fakkel	[fakkel]
hoguera (f)	kampvuur	[kampfɪr]
gasolina (f)	petrol	[petrol]
queroseno (m)	kerosien	[kerosin]
inflamable (adj)	ontvambaar	[ontfambār]
explosivo (adj)	ontplofbaar	[ontplofbār]
PROHIBIDO FUMAR	ROOK VERBODE	[roək ferbodə]
seguridad (f)	veiligheid	[fæjliχæjt]
peligro (m)	gevaar	[χefār]
peligroso (adj)	gevaarlik	[χefārlik]
prenderse fuego	vlam vat	[flam fat]
explosión (f)	ontploffing	[ontploffin]
incendiar (vt)	aan die brand steek	[ān di brant steək]
incendiario (m)	brandstigter	[brant·stiχtər]
incendio (m) provocado	brandstigting	[brant·stiχtin]
estar en llamas	brand	[brant]
arder (vi)	brand	[brant]
incendiarse (vr)	afbrand	[afbrant]
llamar a los bomberos	die brandweer roep	[di brantveər rup]
bombero (m)	brandweerman	[brantveər·man]
coche (m) de bomberos	brandweerwa	[brantveər·wa]
cuerpo (m) de bomberos	brandweer	[brantveər]
escalera (f) telescópica	brandweerwaleer	[brantveər·wa·leər]
manguera (f)	brandslang	[brant·slan]
extintor (m)	brandblusser	[brant·blusser]
casco (m)	helmet	[hɛlmet]
sirena (f)	sirene	[sirenə]
gritar (vi)	skreeu	[skriʊ]
pedir socorro	hulp roep	[hulp rup]
socorrista (m)	redder	[rɛddər]
salvar (vt)	red	[ret]
llegar (vi)	aankom	[ānkom]
apagar (~ el incendio)	blus	[blus]
agua (f)	water	[vatər]

arena (f)	**sand**	[sant]
ruinas (f pl)	**ruïnes**	[ruïnes]
colapsarse (vr)	**instort**	[instort]
hundirse (vr)	**val**	[fal]
derrumbarse (vr)	**instort**	[instort]
trozo (m) (~ del muro)	**brokstukke**	[brokstukkə]
ceniza (f)	**as**	[as]
morir asfixiado	**verstik**	[ferstik]
perecer (vi)	**omkom**	[omkom]

LAS ACTIVIDADES DE LA GENTE

El trabajo. Los negocios. Unidad 1

97. La banca

banco (m)	bank	[bank]
sucursal (f)	tak	[tak]
asesor (m) (~ fiscal)	bankklerk	[bank·klerk]
gerente (m)	bestuurder	[bestɪrdər]
cuenta (f)	bankrekening	[bank·rekəniŋ]
numero (m) de la cuenta	rekeningnommer	[rekəniŋ·nommər]
cuenta (f) corriente	tjekrekening	[tʃek·rekəniŋ]
cuenta (f) de ahorros	spaarrekening	[spãr·rekəniŋ]
cerrar la cuenta	die rekening sluit	[di rekəniŋ slœit]
sacar de la cuenta	trek	[trek]
depósito (m)	deposito	[deposito]
giro (m) bancario	telegrafiese oorplasing	[teleχrafise oərplasiŋ]
hacer un giro	oorplaas	[oərplãs]
suma (f)	som	[som]
¿Cuánto?	Hoeveel?	[hufeəl?]
firma (f) (nombre)	handtekening	[hand·tekəniŋ]
firmar (vt)	onderteken	[ondərtekən]
tarjeta (f) de crédito	kredietkaart	[kredit·kãrt]
código (m)	kode	[kodə]
número (m) de tarjeta de crédito	kredietkaartnommer	[kredit·kãrt·nommər]
cajero (m) automático	OTM	[o·te·em]
cheque (m)	tjek	[tʃek]
talonario (m)	tjekboek	[tʃek·buk]
crédito (m)	lening	[leniŋ]
garantía (f)	waarborg	[vãrborχ]

98. El teléfono. Las conversaciones telefónicas

teléfono (m)	telefoon	[telefoən]
teléfono (m) móvil	selfoon	[sɛlfoən]
contestador (m)	antwoordmasjien	[antwoərt·maʃin]

| llamar, telefonear | bel | [bəl] |
| llamada (f) | oproep | [oprup] |

¿Sí?, ¿Dígame?	Hallo!	[hallo!]
preguntar (vt)	vra	[fra]
responder (vi, vt)	antwoord	[antwoərt]

oír (vt)	hoor	[hoər]
bien (adv)	goed	[χut]
mal (adv)	nie goed nie	[ni χut ni]
ruidos (m pl)	steurings	[støəriŋs]

auricular (m)	gehoorstuk	[χehoərstuk]
descolgar (el teléfono)	optel	[optəl]
colgar el auricular	afskakel	[afskakəl]

ocupado (adj)	besig	[besəχ]
sonar (teléfono)	lui	[lœi]
guía (f) de teléfonos	telefoongids	[telefoən·χids]

local (adj)	lokale	[lokalə]
llamada (f) local	lokale oproep	[lokalə oprup]
de larga distancia	langafstand	[lanχ·afstant]
llamada (f) de larga distancia	langafstand oproep	[lanχ·afstant oprup]
internacional (adj)	internasionale	[internaʃionalə]
llamada (f) internacional	internasionale oproep	[internaʃionalə oprup]

99. El teléfono celular

| teléfono (m) móvil | selfoon | [sɛlfoən] |
| pantalla (f) | skerm | [skerm] |

| botón (m) | knoppie | [knoppi] |
| tarjeta SIM (f) | SIMkaart | [sim·kārt] |

pila (f)	battery	[battəraj]
descargarse (vr)	pap wees	[pap veəs]
cargador (m)	batterylaaier	[battəraj·lajer]

| menú (m) | spyskaart | [spajs·kārt] |
| preferencias (f pl) | instellings | [instɛlliŋs] |

| melodía (f) | wysie | [vajsi] |
| seleccionar (vt) | kies | [kis] |

| calculadora (f) | sakrekenaar | [sakrekənār] |
| contestador (m) | stempos | [stem·pos] |

| despertador (m) | wekker | [vɛkkər] |
| contactos (m pl) | kontakte | [kontaktə] |

| mensaje (m) de texto | SMS | [es·em·es] |
| abonado (m) | intekenaar | [intekənār] |

100. Los artículos de escritorio

bolígrafo (m)	bolpen	[bol·pen]
pluma (f) estilográfica	vulpen	[ful·pen]
lápiz (f)	potlood	[potloət]
marcador (m)	merkpen	[merk·pen]
rotulador (m)	viltpen	[filt·pen]
bloc (m) de notas	notaboekie	[nota·buki]
agenda (f)	dagboek	[daχ·buk]
regla (f)	liniaal	[liniãl]
calculadora (f)	sakrekenaar	[sakrekənãr]
goma (f) de borrar	uitveër	[œitfeɛr]
chincheta (f)	duimspyker	[dœim·spajkər]
clip (m)	skuifspeld	[skœif·spɛlt]
pegamento (m)	gom	[χom]
grapadora (f)	krammasjien	[kram·maʃin]
perforador (m)	ponsmasjien	[pɔŋs·maʃin]
sacapuntas (m)	skerpmaker	[skerp·makər]

El trabajo. Los negocios. Unidad 2

101. Los medios masivos

periódico (m)	koerant	[kurant]
revista (f)	tydskrif	[tajdskrif]
prensa (f)	pers	[pers]
radio (f)	radio	[radio]
estación (f) de radio	omroep	[omrup]
televisión (f)	televisie	[telefisi]
presentador (m)	aanbieder	[ānbidər]
presentador (m) de noticias	nuusleser	[nɪslesər]
comentarista (m)	kommentator	[kommentator]
periodista (m)	joernalis	[jurnalis]
corresponsal (m)	korrespondent	[korrespondɛnt]
corresponsal (m) fotográfico	persfotograaf	[pers·fotoχrāf]
reportero (m)	verslaggewer	[ferslaχ·χevər]
redactor (m)	redakteur	[redaktøər]
redactor jefe (m)	hoofredakteur	[hoəf·redaktøər]
suscribirse (vr)	inteken op ...	[intekən op ...]
suscripción (f)	intekening	[intekəniŋ]
suscriptor (m)	intekenaar	[intekənār]
leer (vi, vt)	lees	[leəs]
lector (m)	leser	[lesər]
tirada (f)	oplaag	[oplāχ]
mensual (adj)	maandeliks	[māndəliks]
semanal (adj)	weekliks	[veəkliks]
número (m)	nommer	[nommər]
nuevo (~ número)	nuwe	[nuvə]
titular (m)	opskrif	[opskrif]
noticia (f)	kort artikel	[kort artikəl]
columna (f)	kolom	[kolom]
artículo (m)	artikel	[artikəl]
página (f)	bladsy	[bladsaj]
reportaje (m)	veslag	[feslaχ]
evento (m)	gebeurtenis	[χebøərtenis]
sensación (f)	sensasie	[sɛŋsasi]
escándalo (m)	skandaal	[skandāl]
escandaloso (adj)	skandelik	[skandelik]
gran (~ escándalo)	groot	[χroət]
emisión (f)	program	[proχram]
entrevista (f)	onderhoud	[ondərhæʊt]

| transmisión (f) en vivo | regstreekse uitsending | [reχstreəksə œitsendiŋ] |
| canal (m) | kanaal | [kanāl] |

102. La agricultura

agricultura (f)	landbou	[landbæʊ]
campesino (m)	boer	[bur]
campesina (f)	boervrou	[bur·fræʊ]
granjero (m)	boer	[bur]

| tractor (m) | trekker | [trɛkkər] |
| cosechadora (f) | stroper | [stropər] |

arado (m)	ploeg	[pluχ]
arar (vi, vt)	ploeg	[pluχ]
labrado (m)	ploegland	[pluχlant]
surco (m)	voor	[foər]

sembrar (vi, vt)	saai	[sāi]
sembradora (f)	saaier	[sājer]
siembra (f)	saai	[sāi]

| guadaña (f) | sens | [sɛŋs] |
| segar (vi, vt) | maai | [māi] |

| pala (f) | graaf | [χrāf] |
| layar (vt) | omspit | [omspit] |

azada (f)	skoffel	[skoffəl]
sachar, escardar	skoffel	[skoffəl]
mala hierba (f)	onkruid	[onkrœit]

regadera (f)	gieter	[χitər]
regar (plantas)	nat gooi	[nat χoj]
riego (m)	nat gooi	[nat χoj]

| horquilla (f) | gaffel | [χaffəl] |
| rastrillo (m) | hark | [hark] |

fertilizante (m)	misstof	[misstof]
abonar (vt)	bemes	[bemes]
estiércol (m)	misstof	[misstof]

campo (m)	veld	[fɛlt]
prado (m)	weiland	[væjlant]
huerta (f)	groentetuin	[χruntə·tœin]
jardín (m)	boord	[boərt]

pacer (vt)	wei	[væj]
pastor (m)	herder	[herdər]
pastadero (m)	weiland	[væjlant]

| ganadería (f) | veeboerdery | [fee·burderaj] |
| cría (f) de ovejas | skaapboerdery | [skāp·burderaj] |

plantación (f)	aanplanting	[ānplantiŋ]
hilera (f) (~ de cebollas)	bedding	[beddiŋ]
invernadero (m)	broeikas	[bruikas]

| sequía (f) | droogte | [droəχtə] |
| seco, árido (adj) | droog | [droəχ] |

grano (m)	graan	[χrān]
cereales (m pl)	graangewasse	[χrān·χəwassə]
recolectar (vt)	oes	[us]

molinero (m)	meulenaar	[møəlenār]
molino (m)	meul	[møəl]
moler (vt)	maal	[māl]
harina (f)	meelblom	[meəl·blom]
paja (f)	strooi	[stroj]

103. La construcción. Los mëtodos de construcción

obra (f)	bouperseel	[bæʊ·perseəl]
construir (vt)	bou	[bæʊ]
albañil (m)	bouwerker	[bæʊ·verkər]

proyecto (m)	projek	[projek]
arquitecto (m)	argitek	[arχitek]
obrero (m)	werker	[verkər]

cimientos (m pl)	fondament	[fondament]
techo (m)	dak	[dak]
pila (f) de cimentación	heipaal	[hæjpāl]
muro (m)	muur	[mɪr]

| armadura (f) | betonstaal | [betɔŋ·stāl] |
| andamio (m) | steiers | [stæjers] |

hormigón (m)	beton	[beton]
granito (m)	graniet	[χranit]
piedra (f)	klip	[klip]
ladrillo (m)	baksteen	[baksteən]

arena (f)	sand	[sant]
cemento (m)	sement	[sement]
estuco (m)	pleister	[plæjstər]
estucar (vt)	pleister	[plæjstər]

pintura (f)	verf	[ferf]
pintar (las paredes)	verf	[ferf]
barril (m)	drom	[drom]

grúa (f)	kraan	[krān]
levantar (vt)	optel	[optəl]
bajar (vt)	laat sak	[lāt sak]
bulldózer (m)	stootskraper	[stoət·skrapər]
excavadora (f)	graafmasjien	[χrāf·maʃin]

cuchara (f)	**bak**	[bak]
cavar (vt)	**grawe**	[χravə]
casco (m)	**helmet**	[hɛlmet]

Las profesiones y los oficios

104. La búsqueda de trabajo. El despido del trabajo

trabajo (m)	baantjie	[bãnki]
empleados (pl)	personeel	[personeəl]
personal (m)	personeel	[personeəl]
carrera (f)	loopbaan	[loəpbãn]
perspectiva (f)	vooruitsigte	[foərœit·siχtə]
maestría (f)	meesterskap	[meəsterskap]
selección (f)	seleksie	[seleksi]
agencia (f) de empleo	arbeidsburo	[arbæjds·buro]
curriculum vitae (m)	curriculum vitae	[kurrikulum fitaə]
entrevista (f)	werksonderhoud	[werk·ondərhæʊt]
vacancia (f)	vakature	[fakaturə]
salario (m)	salaris	[salaris]
salario (m) fijo	vaste salaris	[fastə salaris]
remuneración (f)	loon	[loən]
puesto (m) (trabajo)	posisie	[posisi]
deber (m)	taak	[tãk]
gama (f) de deberes	reeks opdragte	[reəks opdraχtə]
ocupado (adj)	besig	[besəχ]
despedir (vt)	afdank	[afdank]
despido (m)	afdanking	[afdankiŋ]
desempleo (m)	werkloosheid	[verkloəshæjt]
desempleado (m)	werkloos	[verkloəs]
jubilación (f)	pensioen	[pɛnsiun]
jubilarse	met pensioen gaan	[met pɛnsiun χãn]

105. Los negociantes

director (m)	direkteur	[direktøər]
gerente (m)	bestuurder	[bestɪrdər]
jefe (m)	baas	[bãs]
superior (m)	hoof	[hoəf]
superiores (m pl)	hoofde	[hoəfdə]
presidente (m)	direkteur	[direktøər]
presidente (m) (de compañía)	voorsitter	[foərsittər]
adjunto (m)	adjunk	[adjunk]
asistente (m)	assistent	[assistent]

| secretario, -a (m, f) | sekretaris | [sekretaris] |
| secretario (m) particular | persoonlike assistent | [persoənlikə assistent] |

hombre (m) de negocios	sakeman	[sakəman]
emprendedor (m)	entrepreneur	[ɛntrəprenøər]
fundador (m)	stigter	[stiχtər]
fundar (vt)	stig	[stiχ]

institutor (m)	stigter	[stiχtər]
compañero (m)	vennoot	[fɛnnoət]
accionista (m)	aandeelhouer	[ãndeəl·hæʋər]

millonario (m)	miljoenêr	[miljunær]
multimillonario (m)	miljardêr	[miljardær]
propietario (m)	eienaar	[æjenãr]
terrateniente (m)	grondeienaar	[χront·æjenãr]

cliente (m)	kliënt	[kliɛnt]
cliente (m) habitual	vaste kliënt	[fastə kliɛnt]
comprador (m)	koper	[kopər]
visitante (m)	besoeker	[besukər]

profesional (m)	professioneel	[profɛssioneəl]
experto (m)	kenner	[kɛnnər]
especialista (m)	spesialis	[spesialis]

| banquero (m) | bankier | [bankir] |
| broker (m) | makelaar | [makəlãr] |

cajero (m)	kassier	[kassir]
contable (m)	boekhouer	[bukhæʋər]
guardia (m) de seguridad	veiligheidswag	[fæjliχæjts·waχ]

inversionista (m)	belegger	[beleχər]
deudor (m)	skuldenaar	[skuldenãr]
acreedor (m)	krediteur	[kreditøər]
prestatario (m)	lener	[lenər]

| importador (m) | invoerder | [infurdər] |
| exportador (m) | uitvoerder | [œitfurdər] |

productor (m)	produsent	[produsent]
distribuidor (m)	verdeler	[ferdelər]
intermediario (m)	tussenpersoon	[tussən·persoən]

asesor (m) (~ fiscal)	raadgewer	[rãt·χevər]
representante (m)	verkoopsagent	[ferkoəps·aχent]
agente (m)	agent	[aχent]
agente (m) de seguros	versekeringsagent	[fersəkeriŋs·aχent]

106. Los trabajos de servicio

| cocinero (m) | kok | [kok] |
| jefe (m) de cocina | sjef | [ʃef] |

panadero (m)	bakker	[bakkər]
barman (m)	kroegman	[kruχman]
camarero (m)	kelner	[kɛlnər]
camarera (f)	kelnerin	[kɛlnərin]

abogado (m)	advokaat	[adfokāt]
jurista (m)	prokureur	[prokurøər]
notario (m)	notaris	[notaris]

electricista (m)	elektrisiën	[ɛlektrisiɛn]
fontanero (m)	loodgieter	[loədχitər]
carpintero (m)	timmerman	[timmerman]

masajista (m)	masseerder	[masseerdər]
masajista (f)	masseerster	[masseerstər]
médico (m)	dokter	[doktər]

taxista (m)	taxibestuurder	[taksi·bestırdər]
chófer (m)	bestuurder	[bestırdər]
repartidor (m)	koerier	[kurir]

camarera (f)	kamermeisie	[kamər·mæjsi]
guardia (m) de seguridad	veiligheidswag	[fæjliχæjts·waχ]
azafata (f)	lugwaardin	[luχ·wārdin]

profesor (m) (~ de baile, etc.)	onderwyser	[ondərwajsər]
bibliotecario (m)	bibliotekaris	[bibliotekaris]
traductor (m)	vertaler	[fertalər]
intérprete (m)	tolk	[tolk]
guía (m)	gids	[χids]

peluquero (m)	haarkapper	[hār·kappər]
cartero (m)	posbode	[pos·bodə]
vendedor (m)	verkoper	[ferkopər]

jardinero (m)	tuinman	[tœin·man]
servidor (m)	bediende	[bedində]
criada (f)	bediende	[bedində]
mujer (f) de la limpieza	skoonmaakster	[skoən·mākstər]

107. La profesión militar y los rangos

soldado (m) raso	soldaat	[soldāt]
sargento (m)	sersant	[sersant]
teniente (m)	luitenant	[lœitənant]
capitán (m)	kaptein	[kaptæjn]

mayor (m)	majoor	[majoər]
coronel (m)	kolonel	[kolonəl]
general (m)	generaal	[χenerāl]
mariscal (m)	maarskalk	[mārskalk]
almirante (m)	admiraal	[admirāl]
militar (m)	leër	[leɛr]
soldado (m)	soldaat	[soldāt]

| oficial (m) | offisier | [offisir] |
| comandante (m) | kommandant | [kommandant] |

guardafronteras (m)	grenswag	[χrɛŋs·waχ]
radio-operador (m)	radio-operateur	[radio-operatøər]
explorador (m)	verkenner	[ferkɛnnər]
zapador (m)	sappeur	[sappøər]
tirador (m)	skutter	[skuttər]
navegador (m)	navigator	[nafiχator]

108. Los oficiales. Los sacerdotes

| rey (m) | koning | [koniŋ] |
| reina (f) | koningin | [koniŋin] |

| príncipe (m) | prins | [prins] |
| princesa (f) | prinses | [prinsəs] |

| zar (m) | tsaar | [tsār] |
| zarina (f) | tsarina | [tsarina] |

presidente (m)	president	[president]
ministro (m)	minister	[ministər]
primer ministro (m)	eerste minister	[eərstə ministər]
senador (m)	senator	[senator]

diplomático (m)	diplomaat	[diplomāt]
cónsul (m)	konsul	[kɔŋsul]
embajador (m)	ambassadeur	[ambassadøər]
consejero (m)	adviseur	[adfisøər]

funcionario (m)	amptenaar	[amptənar]
prefecto (m)	prefek	[prefek]
alcalde (m)	burgermeester	[burgər·meəstər]

| juez (m) | regter | [reχtər] |
| fiscal (m) | aanklaer | [ānklaər] |

misionero (m)	sendeling	[sendəliŋ]
monje (m)	monnik	[monnik]
abad (m)	ab	[ap]
rabino (m)	rabbi	[rabbi]

visir (m)	visier	[fisir]
sha (m), shah (m)	sjah	[ʃah]
jeque (m)	sjeik	[ʃæjk]

109. Las profesiones agrícolas

apicultor (m)	byeboer	[bajebur]
pastor (m)	herder	[herdər]
agrónomo (m)	landboukundige	[landbæʊ·kundiχə]

ganadero (m)	veeteler	[feə·telər]
veterinario (m)	veearts	[feə·arts]
granjero (m)	boer	[bur]
vinicultor (m)	wynmaker	[vajn·makər]
zoólogo (m)	dierkundige	[dir·kundiχə]
cowboy (m)	cowboy	[kovboj]

110. Las profesiones artísticas

actor (m)	akteur	[aktøər]
actriz (f)	aktrise	[aktrisə]
cantante (m)	sanger	[saŋər]
cantante (f)	sangeres	[saŋəres]
bailarín (m)	danser	[daŋsər]
bailarina (f)	danseres	[daŋsəres]
artista (m)	verhoogkunstenaar	[ferhoəχ·kunstənãr]
artista (f)	verhoogkunstenares	[ferhoəχ·kunstənares]
músico (m)	musikant	[musikant]
pianista (m)	pianis	[pianis]
guitarrista (m)	kitaarspeler	[kitãr·spelər]
director (m) de orquesta	dirigent	[diriχent]
compositor (m)	komponis	[komponis]
empresario (m)	impresario	[impresario]
director (m) de cine	filmregisseur	[film·reχissøər]
productor (m)	produsent	[produsent]
guionista (m)	draaiboekskrywer	[drãjbuk·skrajvər]
crítico (m)	kritikus	[kritikus]
escritor (m)	skrywer	[skrajvər]
poeta (m)	digter	[diχtər]
escultor (m)	beeldhouer	[beəldhæuər]
pintor (m)	kunstenaar	[kunstenãr]
malabarista (m)	jongleur	[jonχløər]
payaso (m)	hanswors	[haŋswors]
acróbata (m)	akrobaat	[akrobãt]
ilusionista (m)	goëlaar	[χoɛlãr]

111. Profesiones diversas

médico (m)	dokter	[doktər]
enfermera (f)	verpleegster	[ferpleəχ·stər]
psiquiatra (m)	psigiater	[psiχiatər]
estomatólogo (m)	tandarts	[tand·arts]
cirujano (m)	chirurg	[ʃirurχ]

astronauta (m)	astronout	[astronæʊt]
astrónomo (m)	astronoom	[astronoəm]
piloto (m)	piloot	[piloət]

conductor (m) (chófer)	bestuurder	[bestɪrdər]
maquinista (m)	treindrywer	[træjn·drajvər]
mecánico (m)	werktuigkundige	[verktœiχ·kundiχə]

minero (m)	mynwerker	[majn·werkər]
obrero (m)	werker	[verkər]
cerrajero (m)	slotmaker	[slot·makər]
carpintero (m)	skrynwerker	[skrajn·werkər]
tornero (m)	draaibankwerker	[drājbank·werkər]
albañil (m)	bouwerker	[bæʊ·verkər]
soldador (m)	sweiser	[swæjsər]

profesor (m) (título)	professor	[profɛssor]
arquitecto (m)	argitek	[arχitek]
historiador (m)	historikus	[historikus]
científico (m)	wetenskaplike	[vetɛŋskaplikə]
físico (m)	fisikus	[fisikus]
químico (m)	skeikundige	[skæjkundiχə]

arqueólogo (m)	argeoloog	[arχeoloəχ]
geólogo (m)	geoloog	[χeoloəχ]
investigador (m)	navorser	[naforsər]

niñera (f)	babasitter	[babasittər]
pedagogo (m)	onderwyser	[ondərwajsər]

redactor (m)	redakteur	[redaktøər]
redactor jefe (m)	hoofredakteur	[hoəf·redaktøər]
corresponsal (m)	korrespondent	[korrespondɛnt]
mecanógrafa (f)	tikster	[tikstər]

diseñador (m)	ontwerper	[ontwerpər]
especialista (m) en ordenadores	rekenaarkenner	[rekənār·kɛnnər]
programador (m)	programmeur	[proχrammøər]
ingeniero (m)	ingenieur	[inχeniøər]

marino (m)	matroos	[matroəs]
marinero (m)	seeman	[seəman]
socorrista (m)	redder	[rɛddər]

bombero (m)	brandweerman	[brantveər·man]
policía (m)	polisieman	[polisi·man]
vigilante (m) nocturno	bewaker	[bevakər]
detective (m)	speurder	[spøərdər]

aduanero (m)	doeanebeampte	[duanə·beamptə]
guardaespaldas (m)	lyfwag	[lajf·waχ]
guardia (m) de prisiones	tronkbewaarder	[tronk·bevārdər]
inspector (m)	inspekteur	[inspektøər]
deportista (m)	sportman	[sportman]
entrenador (m)	breier	[bræjer]

carnicero (m)	slagter	[slaχtər]
zapatero (m)	skoenmaker	[skun·makər]
comerciante (m)	handelaar	[handəlãr]
cargador (m)	laaier	[lãjer]

| diseñador (m) de modas | modeontwerper | [modə·ontwerpər] |
| modelo (f) | model | [modəl] |

112. Los trabajos. El estatus social

| escolar (m) | skoolseun | [skoəl·søən] |
| estudiante (m) | student | [student] |

filósofo (m)	filosoof	[filosoəf]
economista (m)	ekonoom	[ɛkonoəm]
inventor (m)	uitvinder	[œitfindər]

desempleado (m)	werkloos	[verkloəs]
jubilado (m)	pensioentrekker	[pɛnsiun·trɛkkər]
espía (m)	spioen	[spiun]

prisionero (m)	gevangene	[χefaŋənə]
huelguista (m)	staker	[stakər]
burócrata (m)	burokraat	[burokrãt]
viajero (m)	reisiger	[ræjsiχər]

homosexual (m)	gay	[χaaj]
hacker (m)	kuberkraker	[kubər·krakər]
hippie (m)	hippie	[hippi]

bandido (m)	bandiet	[bandit]
sicario (m)	huurmoordenaar	[hɪr·moərdenãr]
drogadicto (m)	dwelmslaaf	[dwɛlm·slãf]
narcotraficante (m)	dwelmhandelaar	[dwɛlm·handəlãr]
prostituta (f)	prostituut	[prostitɪt]
chulo (m), proxeneta (m)	pooier	[pojer]

brujo (m)	towenaar	[tovenãr]
bruja (f)	heks	[heks]
pirata (m)	piraat, seerower	[pirãt], [seə·rovər]
esclavo (m)	slaaf	[slãf]
samurai (m)	samoerai	[samuraj]
salvaje (m)	wilde	[vildə]

Los deportes

113. Tipos de deportes. Deportistas

deportista (m)	sportman	[sportman]
tipo (m) de deporte	sportsoorte	[sport·soərtə]
baloncesto (m)	basketbal	[basketbal]
baloncestista (m)	basketbalspeler	[basketbal·spelər]
béisbol (m)	bofbal	[bofbal]
beisbolista (m)	bofbalspeler	[bofbal·spelər]
fútbol (m)	sokker	[sokkər]
futbolista (m)	sokkerspeler	[sokkər·spelər]
portero (m)	doelwagter	[dul·waχtər]
hockey (m)	hokkie	[hokki]
jugador (m) de hockey	hokkiespeler	[hokki·spelər]
voleibol (m)	vlugbal	[fluχbal]
voleibolista (m)	vlugbalspeler	[fluχbal·spelər]
boxeo (m)	boks	[boks]
boxeador (m)	bokser	[boksər]
lucha (f)	stoei	[stui]
luchador (m)	stoeier	[stujer]
kárate (m)	karate	[karatə]
karateka (m)	karatevegter	[karatə·feχtər]
judo (m)	judo	[judo]
judoka (m)	judoka	[judoka]
tenis (m)	tennis	[tɛnnis]
tenista (m)	tennisspeler	[tɛnnis·spelər]
natación (f)	swem	[swem]
nadador (m)	swemmer	[swemmər]
esgrima (f)	skerm	[skerm]
esgrimidor (m)	skermer	[skermər]
ajedrez (m)	skaak	[skāk]
ajedrecista (m)	skaakspeler	[skāk·spelər]
alpinismo (m)	alpinisme	[alpinismə]
alpinista (m)	alpinis	[alpinis]
carrera (f)	hardloop	[hardloəp]

corredor (m)	hardloper	[hardlopər]
atletismo (m)	atletiek	[atletik]
atleta (m)	atleet	[atleət]

deporte (m) hípico	perdry	[perdraj]
jinete (m)	ruiter	[rœitər]

patinaje (m) artístico	kunsskaats	[kuns·skāts]
patinador (m)	kunsskaatser	[kuns·skātsər]
patinadora (f)	kunsskaatser	[kuns·skātsər]

levantamiento (m) de pesas	gewigoptel	[χeviχ·optəl]
levantador (m) de pesos	gewigopteller	[χeviχ·optɛllər]

carreras (f pl) de coches	motorwedren	[motor·wedrən]
piloto (m) de carreras	renjaer	[renjaər]

ciclismo (m)	fiets	[fits]
ciclista (m)	fietser	[fitsər]

salto (m) de longitud	verspring	[fer·spriŋ]
salto (m) con pértiga	polsstokspring	[polsstok·spriŋ]
saltador (m)	springer	[spriŋər]

114. Tipos de deportes. Miscelánea

fútbol (m) americano	sokker	[sokkər]
bádminton (m)	pluimbal	[plœimbal]
biatlón (m)	tweekamp	[tweəkamp]
billar (m)	biljart	[biljart]

bobsleigh (m)	bobslee	[bobsleə]
culturismo (m)	liggaamsbou	[liχχāmsbæʊ]
waterpolo (m)	waterpolo	[vatər·polo]
balonmano (m)	handbal	[handbal]
golf (m)	gholf	[golf]

remo (m)	roei	[rui]
buceo (m)	duik	[dœik]
esquí (m) de fondo	veldski	[fɛlt·ski]
tenis (m) de mesa	tafeltennis	[tafel·tɛnnis]

vela (f)	seil	[sæjl]
rally (m)	tydren jaag	[tajdren jāχ]
rugby (m)	rugby	[ragbi]
snowboarding (m)	sneeuplankry	[sniʊ·plankraj]
tiro (m) con arco	boogskiet	[boeχ·skit]

115. El gimnasio

barra (f) de pesas	staafgewig	[stāf·χevəχ]
pesas (f pl)	handgewigte	[hand·χeviχtə]

T&P Books. Vocabulario Español-Afrikáans - 7000 palabras más usadas

aparato (m) de ejercicios	oefenmasjien	[ufen·maʃin]
bicicleta (f) estática	oefenfiets	[ufen·fits]
cinta (f) de correr	trapmeul	[trapmøəl]

barra (f) fija	rekstok	[rekstok]
barras (f pl) paralelas	brug	[bruχ]
potro (m)	springperd	[spriŋ·pert]
colchoneta (f)	oefenmat	[ufen·mat]

comba (f)	springtou	[spriŋ·tæʊ]
aeróbica (f)	aërobiese oefeninge	[aɛrobisə ufeniŋə]
yoga (m)	joga	[joga]

116. Los deportes. Miscelánea

Juegos (m pl) Olímpicos	Olimpiese Spele	[olimpisə spelə]
vencedor (m)	oorwinnaar	[oərwinnãr]
vencer (vi)	wen	[ven]
ganar (vi)	wen	[ven]

| líder (m) | leier | [læjer] |
| llevar la delantera | lei | [læj] |

primer puesto (m)	eerste plek	[eərstə plek]
segundo puesto (m)	tweede plek	[tweədə plek]
tercer puesto (m)	derde plek	[derdə plek]

medalla (f)	medalje	[medalje]
trofeo (m)	trofee	[trofeə]
copa (f) (trofeo)	beker	[bekər]
premio (m)	prys	[prajs]
premio (m) principal	hoofprys	[hoəf·prajs]
record (m)	rekord	[rekort]

| final (m) | finale | [finalə] |
| de final (adj) | finale | [finalə] |

| campeón (m) | kampioen | [kampiun] |
| campeonato (m) | kampioenskap | [kampiunskap] |

estadio (m)	stadion	[stadion]
gradería (f)	tribune	[tribunə]
hincha (m)	ondersteuner	[ondərstøənər]
adversario (m)	teëstander	[teɛstandər]

| arrancadero (m) | wegspringplek | [veχspriŋ·plek] |
| línea (f) de meta | eindstreep | [æjnd·streep] |

| derrota (f) | nederlaag | [nedərlãχ] |
| perder (vi) | verloor | [ferloər] |

árbitro (m)	skeidsregter	[skæjds·reχtər]
jurado (m)	beoordelaars	[be·oərdelãrs]
cuenta (f)	stand	[stant]

empate (m)	**gelykspel**	[χelajkspəl]
empatar (vi)	**gelykop speel**	[χelajkop speəl]
punto (m)	**punt**	[punt]
resultado (m)	**puntestand**	[puntəstant]
tiempo (m)	**periode**	[periodə]
descanso (m)	**rustyd**	[rustajt]
droga (f), doping (m)	**opkikkers**	[opkikkərs]
penalizar (vt)	**straf**	[straf]
descalificar (vt)	**diskwalifiseer**	[diskwalifiseər]
aparato (m)	**apparaat**	[apparãt]
jabalina (f)	**spies**	[spis]
peso (m) (lanzamiento de ~)	**koeël**	[kuɛl]
bola (f) (billar, etc.)	**bal**	[bal]
objetivo (m)	**doelwit**	[dulwit]
blanco (m)	**teiken**	[tæjkən]
tirar (vi)	**skiet**	[skit]
preciso (~ disparo)	**akkuraat**	[akkurãt]
entrenador (m)	**breier**	[bræjer]
entrenar (vt)	**afrig**	[afrəχ]
entrenarse (vr)	**oefen**	[ufen]
entrenamiento (m)	**oefen**	[ufen]
gimnasio (m)	**gimnastieksaal**	[χimnastik·sãl]
ejercicio (m)	**oefening**	[ufeniŋ]
calentamiento (m)	**opwarm**	[opwarm]

La educación

117. La escuela

escuela (f)	skool	[skoəl]
director (m) de escuela	prinsipaal	[prinsipāl]
alumno (m)	leerder	[leərdər]
alumna (f)	leerder	[leərdər]
escolar (m)	skoolseun	[skoəl·søøn]
escolar (f)	skooldogter	[skoəl·doχtər]
enseñar (vt)	leer	[leər]
aprender (ingles, etc.)	leer	[leər]
aprender de memoria	van buite leer	[fan bœitə leər]
aprender (a leer, etc.)	leer	[leər]
estar en la escuela	op skool wees	[op skoəl veəs]
ir a la escuela	skooltoe gaan	[skoəltu χān]
alfabeto (m)	alfabet	[alfabet]
materia (f)	vak	[fak]
clase (f), aula (f)	klaskamer	[klas·kamər]
lección (f)	les	[les]
recreo (m)	pouse	[pæʊsə]
campana (f)	skoolbel	[skoəl·bəl]
pupitre (m)	skoolbank	[skoəl·bank]
pizarra (f)	bord	[bort]
nota (f)	simbool	[simboəl]
buena nota (f)	goeie punt	[χuje punt]
mala nota (f)	slegte punt	[sleχtə punt]
falta (f)	fout	[fæʊt]
hacer faltas	foute maak	[fæʊtə māk]
corregir (un error)	korrigeer	[korriχeər]
chuleta (f)	afskryfbriefie	[afskrajf·brifi]
deberes (m pl) de casa	huiswerk	[hœis·werk]
ejercicio (m)	oefening	[ufeniŋ]
estar presente	aanwesig wees	[ānwesəχ veəs]
estar ausente	afwesig wees	[afwesəχ veəs]
faltar a las clases	stokkies draai	[stokkis drāj]
castigar (vt)	straf	[straf]
castigo (m)	straf	[straf]
conducta (f)	gedrag	[χedraχ]

libreta (f) de notas	rapport	[rapport]
lápiz (f)	potlood	[potloət]
goma (f) de borrar	uitveër	[œitfeɛr]
tiza (f)	kryt	[krajt]
cartuchera (f)	potloodsakkie	[potloət·sakki]

mochila (f)	boekesak	[bukə·sak]
bolígrafo (m)	pen	[pen]
cuaderno (m)	skryfboek	[skrajf·buk]
manual (m)	handboek	[hand·buk]
compás (m)	passer	[passər]

| trazar (vi, vt) | tegniese tekeninge maak | [teχnisə tekənikə mãk] |
| dibujo (m) técnico | tegniese tekening | [teχnisə tekəniŋ] |

poema (m), poesía (f)	gedig	[χedəχ]
de memoria (adv)	van buite	[fan bœitə]
aprender de memoria	van buite leer	[fan bœitə leər]

vacaciones (f pl)	skoolvakansie	[skoəl·fakaŋsi]
estar de vacaciones	met vakansie wees	[met fakaŋsi veəs]
pasar las vacaciones	jou vakansie deurbring	[jæu fakaŋsi døərbriŋ]

| prueba (f) escrita | toets | [tuts] |
| composición (f) | opstel | [opstəl] |

dictado (m)	diktee	[dikteə]
examen (m)	eksamen	[ɛksamen]
experimento (m)	eksperiment	[ɛksperiment]

118. Los institutos. La Universidad

academia (f)	akademie	[akademi]
universidad (f)	universiteit	[unifersitæjt]
facultad (f)	fakulteit	[fakultæjt]

estudiante (m)	student	[student]
estudiante (f)	student	[student]
profesor (m)	lektor	[lektor]

| aula (f) | lesingsaal | [lesiŋ·sãl] |
| graduado (m) | gegradueerde | [χeχradueerdə] |

| diploma (m) | sertifikaat | [sertifikãt] |
| tesis (f) de grado | proefskrif | [prufskrif] |

| estudio (m) | navorsing | [naforsiŋ] |
| laboratorio (m) | laboratorium | [laboratorium] |

| clase (f) | lesing | [lesiŋ] |
| compañero (m) de curso | medestudent | [medə·student] |

| beca (f) | beurs | [bøərs] |
| grado (m) académico | akademiese graad | [akademisə χrãt] |

119. Las ciencias. Las disciplinas

matemáticas (f pl)	wiskunde	[viskundə]
álgebra (f)	algebra	[alχebra]
geometría (f)	meetkunde	[meetkundə]

astronomía (f)	astronomie	[astronomi]
biología (f)	biologie	[bioloχi]
geografía (f)	geografie	[χeoχrafi]
geología (f)	geologie	[χeoloχi]
historia (f)	geskiedenis	[χeskidenis]

medicina (f)	geneeskunde	[χenees·kundə]
pedagogía (f)	pedagogie	[pedaχoχi]
derecho (m)	regte	[reχtə]

física (f)	fisika	[fisika]
química (f)	chemie	[χemi]
filosofía (f)	filosofie	[filosofi]
psicología (f)	sielkunde	[silkundə]

120. Los sistemas de escritura. La ortografía

gramática (f)	grammatika	[χrammatika]
vocabulario (m)	woordeskat	[voərdeskat]
fonética (f)	fonetika	[fonetika]

sustantivo (m)	selfstandige naamwoord	[sɛlfstandiχə nãmwoərt]
adjetivo (m)	byvoeglike naamwoord	[bajfuχlikə nãmvoərt]
verbo (m)	werkwoord	[verk·woərt]
adverbio (m)	bijwoord	[bij·woərt]

pronombre (m)	voornaamwoord	[foərnãm·voərt]
interjección (f)	tussenwerpsel	[tussən·werpsəl]
preposición (f)	voorsetsel	[foərsetsəl]

raíz (f), radical (m)	stam	[stam]
desinencia (f)	agtervoegsel	[aχtər·fuχsəl]
prefijo (m)	voorvoegsel	[foər·fuχsəl]
sílaba (f)	lettergreep	[lɛttər·χreəp]
sufijo (m)	agtervoegsel, suffiks	[aχtər·fuχsəl], [suffiks]

| acento (m) | klemteken | [klem·tekən] |
| apóstrofo (m) | afkappingsteken | [afkappiŋs·tekən] |

punto (m)	punt	[punt]
coma (f)	komma	[komma]
punto y coma	kommapunt	[komma·punt]
dos puntos (m pl)	dubbelpunt	[dubbəl·punt]
puntos (m pl) suspensivos	beletselteken	[beletsəl·tekən]

| signo (m) de interrogación | vraagteken | [frãχ·tekən] |
| signo (m) de admiración | uitroepteken | [œitrup·tekən] |

comillas (f pl)	aanhalingstekens	[ānhaliŋs·tekəŋs]
entre comillas	tussen aanhalingstekens	[tussən ānhaliŋs·tekəŋs]
paréntesis (m)	hakies	[hakis]
entre paréntesis	tussen hakies	[tussən hakis]

guión (m)	koppelteken	[koppəl·tekən]
raya (f)	strepie	[strepi]
blanco (m)	spasie	[spasi]

| letra (f) | letter | [lɛttər] |
| letra (f) mayúscula | hoofletter | [hoəf·lɛttər] |

| vocal (f) | klinker | [klinkər] |
| consonante (m) | konsonant | [kɔŋsonant] |

oración (f)	sin	[sin]
sujeto (m)	onderwerp	[ondərwerp]
predicado (m)	predikaat	[predikāt]

| línea (f) | reël | [reɛl] |
| párrafo (m) | paragraaf | [paraχrāf] |

palabra (f)	woord	[voərt]
combinación (f) de palabras	woordgroep	[voərt·χrup]
expresión (f)	uitdrukking	[œitdrukkiŋ]
sinónimo (m)	sinoniem	[sinonim]
antónimo (m)	antoniem	[antonim]

regla (f)	reël	[reɛl]
excepción (f)	uitsondering	[œitsondəriŋ]
correcto (adj)	korrek	[korrek]

conjugación (f)	vervoeging	[ferfuχiŋ]
declinación (f)	verbuiging	[ferbœeəχiŋ]
caso (m)	naamval	[nāmfal]
pregunta (f)	vraag	[frāχ]
subrayar (vt)	onderstreep	[ondərstreəp]
línea (f) de puntos	stippellyn	[stippəl·lajn]

121. Los idiomas extranjeros

lengua (f)	taal	[tāl]
extranjero (adj)	vreemd	[freəmt]
lengua (f) extranjera	vreemde taal	[freəmdə tāl]
estudiar (vt)	studeer	[studeər]
aprender (ingles, etc.)	leer	[leər]

leer (vi, vt)	lees	[leəs]
hablar (vi, vt)	praat	[prāt]
comprender (vt)	verstaan	[ferstān]
escribir (vt)	skryf	[skrajf]

| rápidamente (adv) | vinnig | [finnəχ] |
| lentamente (adv) | stadig | [stadəχ] |

con fluidez (adv)	vlot	[flot]
reglas (f pl)	reëls	[rɛɛls]
gramática (f)	grammatika	[ɣrammatika]
vocabulario (m)	woordeskat	[voərdeskat]
fonética (f)	fonetika	[fonetika]

manual (m)	handboek	[hand·buk]
diccionario (m)	woordeboek	[voərdə·buk]
manual (m) autodidáctico	selfstudie boek	[sɛlfstudi buk]
guía (f) de conversación	taalgids	[tāl·ɣids]

casete (m)	kasset	[kasset]
videocasete (f)	videoband	[video·bant]
CD (m)	CD	[se·de]
DVD (m)	DVD	[de·fe·de]

alfabeto (m)	alfabet	[alfabet]
deletrear (vt)	spel	[spel]
pronunciación (f)	uitspraak	[œitsprāk]
acento (m)	aksent	[aksent]

palabra (f)	woord	[voərt]
significado (m)	betekenis	[betekənis]

cursos (m pl)	kursus	[kursus]
inscribirse (vr)	inskryf	[inskrajf]
profesor (m) (~ de inglés)	onderwyser	[ondərwajsər]

traducción (f) (proceso)	vertaling	[fertaliŋ]
traducción (f) (texto)	vertaling	[fertaliŋ]
traductor (m)	vertaler	[fertalər]
intérprete (m)	tolk	[tolk]

políglota (m)	poliglot	[poliχlot]
memoria (f)	geheue	[χəhøə]

122. Los personajes de los cuentos de hadas

Papá Noel (m)	Kersvader	[kers·fadər]
Cenicienta	Assepoester	[assepustər]
sirena (f)	meermin	[meərmin]
Neptuno (m)	Neptunus	[neptunus]

mago (m)	towenaar	[tovenār]
maga (f)	feetjie	[feəki]
mágico (adj)	magies	[maχis]
varita (f) mágica	towerstaf	[tovər·staf]

cuento (m) de hadas	sprokie	[sproki]
milagro (m)	wonderwerk	[vondərwerk]
enano (m)	dwerg	[dwerχ]
transformarse en ...	verander in ...	[ferandər in ...]
espíritu (m) (fantasma)	gees	[χees]
fantasma (m)	spook	[spoək]

monstruo (m)	monster	[mɔŋstər]
dragón (m)	draak	[drãk]
gigante (m)	reus	[røəs]

123. Los signos de zodiaco

Aries (m)	Ram	[ram]
Tauro (m)	Stier	[stir]
Géminis (m pl)	Tweelinge	[tweəliŋə]
Cáncer (m)	Kreef	[kreəf]
Leo (m)	Leeu	[liʊ]
Virgo (m)	Maagd	[mãχt]

Libra (f)	Weegskaal	[veəχskãl]
Escorpio (m)	Skerpioen	[skerpiun]
Sagitario (m)	Boogskutter	[boəχskuttər]
Capricornio (m)	Steenbok	[steənbok]
Acuario (m)	Waterman	[vatərman]
Piscis (m pl)	Visse	[fissə]

carácter (m)	karakter	[karaktər]
rasgos (m pl) de carácter	karaktertrekke	[karaktər·trɛkkə]
conducta (f)	gedrag	[χedraχ]
decir la buenaventura	waarsê	[vãrsɛ:]
adivinadora (f)	waarsêer	[vãrsɛər]
horóscopo (m)	horoskoop	[horoskoəp]

El arte

124. El teatro

teatro (m)	teater	[teatər]
ópera (f)	opera	[opera]
opereta (f)	operette	[operɛttə]
ballet (m)	ballet	[ballet]
cartelera (f)	plakkaat	[plakkāt]
compañía (f) de teatro	teatergeselskap	[teatər·χesɛlskap]
gira (f) artística	toer	[tur]
hacer una gira artística	op toer wees	[op tur veəs]
ensayar (vi, vt)	repeteer	[repeteər]
ensayo (m)	repetisie	[repetisi]
repertorio (m)	repertoire	[repertuarə]
representación (f)	voorstelling	[foərstɛllin]
espectáculo (m)	opvoering	[opfurin]
pieza (f) de teatro	toneelstuk	[toneəl·stuk]
billet (m)	kaartjie	[kārki]
taquilla (f)	loket	[lokət]
vestíbulo (m)	voorportaal	[foər·portāl]
guardarropa (f)	bewaarkamer	[bevār·kamər]
ficha (f) de guardarropa	bewaarkamerkaartjie	[bevār·kamər·kārki]
gemelos (m pl)	verkyker	[ferkajkər]
acomodador (m)	plekaanwyser	[plek·ānwajsər]
patio (m) de butacas	stalles	[stalles]
balconcillo (m)	balkon	[balkon]
entresuelo (m)	eerste balkon	[eərstə balkon]
palco (m)	losie	[losi]
fila (f)	ry	[raj]
asiento (m)	sitplek	[sitplek]
público (m)	gehoor	[χehoər]
espectador (m)	toehoorders	[tuhoərders]
aplaudir (vi, vt)	klap	[klap]
aplausos (m pl)	applous	[applæʊs]
ovación (f)	toejuiging	[tujœəχin]
escenario (m)	verhoog	[ferhoəχ]
telón (m)	gordyn	[χordajn]
decoración (f)	dekor	[dekor]
bastidores (m pl)	agter die verhoog	[aχter di ferhoəχ]
escena (f)	toneel	[toneəl]
acto (m)	bedryf	[bedrajf]
entreacto (m)	pouse	[pæʊsə]

125. El cine

actor (m)	akteur	[aktøər]
actriz (f)	aktrise	[aktrisə]

cine (m) (industria)	filmbedryf	[film·bedrajf]
película (f)	fliek	[flik]
episodio (m)	episode	[ɛpisodə]

película (f) policíaca	speurfliek	[spøər·flik]
película (f) de acción	aksiefliek	[aksi·flik]
película (f) de aventura	avontuurfliek	[afontrr·flik]
película (f) de ciencia ficción	wetenskapfiksiefilm	[vetɛŋskapfiksi·film]
película (f) de horror	gruwelfliek	[χruvɛl·flik]

película (f) cómica	komedie	[komedi]
melodrama (m)	melodrama	[melodrama]
drama (m)	drama	[drama]

película (f) de ficción	rolprent	[rolprent]
documental (m)	dokumentêre rolprent	[dokumentɛrə rolprent]
dibujos (m pl) animados	tekenfilm	[tekən·film]
cine (m) mudo	stilprent	[stil·prent]
papel (m)	rol	[rol]
papel (m) principal	hoofrol	[hoəf·rol]
interpretar (vt)	speel	[speəl]

estrella (f) de cine	filmster	[film·stər]
conocido (adj)	bekend	[bekent]
famoso (adj)	beroemd	[berumt]
popular (adj)	gewild	[χevilt]

guión (m) de cine	draaiboek	[drãjbuk]
guionista (m)	draaiboekskrywer	[drãjbuk·skrajvər]
director (m) de cine	filmregisseur	[film·reχissøər]
productor (m)	produsent	[produsent]
asistente (m)	assistent	[assistent]
operador (m)	kameraman	[kameraman]
doble (m) de riesgo	waaghals	[vãχhals]
doble (m)	dubbel	[dubbəl]

audición (f)	filmtoets	[film·tuts]
rodaje (m)	skiet	[skit]
equipo (m) de rodaje	filmspan	[film·span]
plató (m) de rodaje	rolprentstel	[rolprent·stəl]
cámara (f)	kamera	[kamera]

cine (m) (iremos al ~)	bioskoop	[bioskoəp]
pantalla (f)	skerm	[skerm]

pista (f) sonora	klankbaan	[klank·bān]
efectos (m pl) especiales	spesiale effekte	[spesialə ɛffektə]
subtítulos (m pl)	onderskrif	[ondərskrif]
créditos (m pl)	erkenning	[ɛrkɛnniŋ]
traducción (f)	vertaling	[fertaliŋ]

126. La pintura

arte (m)	kuns	[kuns]
bellas artes (f pl)	skone kunste	[skonə kunstə]
galería (f) de arte	kunsgalery	[kuns·χalerəj]
exposición (f) de arte	kunsuitstalling	[kuns·œitstalliŋ]
pintura (f)	skildery	[skilderəj]
gráfica (f)	grafiese kuns	[χrafisə kuns]
abstraccionismo (m)	abstrakte kuns	[abstraktə kuns]
impresionismo (m)	impressionisme	[imprɛssionismə]
pintura (f)	skildery	[skilderəj]
dibujo (m)	tekening	[tekəniŋ]
pancarta (f)	plakkaat	[plakkāt]
ilustración (f)	illustrasie	[illustrasi]
miniatura (f)	miniatuur	[miniatɪr]
copia (f)	kopie	[kopi]
reproducción (f)	reproduksie	[reproduksi]
mosaico (m)	mosaiek	[mosajek]
vidriera (f)	gebrandskilderde venster	[χebrandskilderdə fɛŋstər]
fresco (m)	fresko	[fresko]
grabado (m)	gravure	[χrafurə]
busto (m)	borsbeeld	[borsbeəlt]
escultura (f)	beeldhouwerk	[beəldhæʋverk]
estatua (f)	standbeeld	[standbeəlt]
yeso (m)	gips	[χips]
en yeso (adj)	gips-	[χips-]
retrato (m)	portret	[portret]
autorretrato (m)	selfportret	[sɛlf·portret]
paisaje (m)	landskap	[landskap]
naturaleza (f) muerta	stillewe	[stilleʋə]
caricatura (f)	karikatuur	[karikatɪr]
boceto (m)	skets	[skets]
pintura (f)	verf	[ferf]
acuarela (f)	waterverf	[vatər·ferf]
óleo (m)	olieverf	[oli·ferf]
lápiz (f)	potlood	[potloət]
tinta (f) china	Indiese ink	[indisə ink]
carboncillo (m)	houtskool	[hæʋts·koəl]
dibujar (vi, vt)	teken	[tekən]
pintar (vi, vt)	skilder	[skildər]
posar (vi)	poseer	[poseər]
modelo (m)	naakmodel	[nākmodəl]
modelo (f)	naakmodel	[nākmodəl]
pintor (m)	kunstenaar	[kunstenār]
obra (f) de arte	kunswerk	[kuns·werk]

obra (f) maestra	meesterstuk	[meestər·stuk]
estudio (m) (de un artista)	studio	[studio]
lienzo (m)	doek	[duk]
caballete (m)	skildersesel	[skilders·esəl]
paleta (f)	palet	[palet]
marco (m)	raam	[rām]
restauración (f)	restourasie	[restæʊrasi]
restaurar (vt)	restoureer	[restæʊreər]

127. La literatura y la poesía

literatura (f)	literatuur	[literatɪr]
autor (m) (escritor)	skrywer	[skrajvər]
seudónimo (m)	skuilnaam	[skœil·nām]
libro (m)	boek	[buk]
tomo (m)	deel	[deəl]
tabla (f) de contenidos	inhoudsopgawe	[inhæʊds·opχavə]
página (f)	bladsy	[bladsaj]
héroe (m) principal	hoofkarakter	[hoəf·karaktər]
autógrafo (m)	outograaf	[æʊtoχrāf]
relato (m) corto	kortverhaal	[kort·fərhāl]
cuento (m)	novelle	[nofɛllə]
novela (f)	roman	[roman]
obra (f) literaria	werk	[verk]
fábula (f)	fabel	[fabəl]
novela (f) policíaca	speurroman	[spøər·roman]
verso (m)	gedig	[χedəχ]
poesía (f)	digkuns	[diχkuns]
poema (f)	epos	[ɛpos]
poeta (m)	digter	[diχtər]
bellas letras (f pl)	fiksie	[fiksi]
ciencia ficción (f)	wetenskapsfiksie	[vetɛŋskaps·fiksi]
aventuras (f pl)	avonture	[afonturə]
literatura (f) didáctica	opvoedkundige literatuur	[opfutkundiχə literatɪr]
literatura (f) infantil	kinderliteratuur	[kindər·literatɪr]

128. El circo

circo (m)	sirkus	[sirkus]
circo (m) ambulante	rondreisende sirkus	[rondræjsendə sirkus]
programa (m)	program	[proχram]
representación (f)	voorstelling	[foərstɛlliŋ]
número (m)	nommer	[nommər]
arena (f)	sirkusring	[sirkus·riŋ]
pantomima (f)	pantomime	[pantomimə]

payaso (m)	hanswors	[haŋswors]
acróbata (m)	akrobaat	[akrobãt]
acrobacia (f)	akrobatiek	[akrobatik]
gimnasta (m)	gimnas	[χimnas]
gimnasia (f)	gimnastiek	[χimnastik]
salto (m)	salto	[salto]

forzudo (m)	atleet	[atleət]
domador (m)	temmer	[tɛmmər]
caballista (m)	ruiter	[rœitər]
asistente (m)	assistent	[assistent]

truco (m)	waaghalsige toertjie	[vāχhalsiχə turki]
truco (m) de magia	goëltoertjie	[χoɛl·turki]
ilusionista (m)	goëlaar	[χoɛlār]

malabarista (m)	jongleur	[jonχløər]
hacer malabarismos	jongleer	[jonχleər]
amaestrador (m)	dresseerder	[drɛsseer·dər]
amaestramiento (m)	dressering	[drɛsserin]
amaestrar (vt)	afrig	[afrəχ]

129. La música. La música popular

música (f)	musiek	[musik]
músico (m)	musikant	[musikant]
instrumento (m) musical	musiekinstrument	[musik·instrument]
tocar ...	speel ...	[speəl ...]

guitarra (f)	kitaar	[kitār]
violín (m)	viool	[fioəl]
violonchelo (m)	tjello	[tʃello]
contrabajo (m)	kontrabas	[kontrabas]
arpa (f)	harp	[harp]

piano (m)	piano	[piano]
piano (m) de cola	vleuelklavier	[fløɛl·klafir]
órgano (m)	orrel	[orrəl]

instrumentos (m pl) de viento	blaasinstrumente	[blãs·instrumentə]
oboe (m)	hobo	[hobo]
saxofón (m)	saksofoon	[saksofoən]
clarinete (m)	klarinet	[klarinet]
flauta (f)	dwarsfluit	[dwars·flœit]
trompeta (f)	trompet	[trompet]

| acordeón (m) | trekklavier | [trɛkklafir] |
| tambor (m) | trommel | [tromməl] |

dúo (m)	duet	[duet]
trío (m)	trio	[trio]
cuarteto (m)	kwartet	[kwartet]
coro (m)	koor	[koər]
orquesta (f)	orkes	[orkes]

música (f) pop	**popmusiek**	[pop·musik]
música (f) rock	**rockmusiek**	[rok·musik]
grupo (m) de rock	**rockgroep**	[rok·χrup]
jazz (m)	**jazz**	[jazz]
ídolo (m)	**held**	[hɛlt]
admirador (m)	**bewonderaar**	[bevondərãr]
concierto (m)	**konsert**	[kɔŋsert]
sinfonía (f)	**simfonie**	[simfoni]
composición (f)	**komposisie**	[komposisi]
escribir (vt)	**komponeer**	[komponeər]
canto (m)	**sang**	[saŋ]
canción (f)	**lied**	[lit]
melodía (f)	**wysie**	[vajsi]
ritmo (m)	**ritme**	[ritmə]
blues (m)	**blues**	[blues]
notas (f pl)	**bladmusiek**	[blad·musik]
batuta (f)	**dirigeerstok**	[diriχeər·stok]
arco (m)	**strykstok**	[strajk·stok]
cuerda (f)	**snaar**	[snãr]
estuche (m)	**houer**	[hæʊər]

Los restaurantes. El entretenimiento. El viaje

130. El viaje. Viajar

turismo (m)	toerisme	[turismə]
turista (m)	toeris	[turis]
viaje (m)	reis	[ræjs]
aventura (f)	avontuur	[afontɪr]
viaje (m)	reis	[ræjs]
vacaciones (f pl)	vakansie	[fakaŋsi]
estar de vacaciones	met vakansie wees	[met fakaŋsi veəs]
descanso (m)	rus	[rus]
tren (m)	trein	[træjn]
en tren	per trein	[pər træjn]
avión (m)	vliegtuig	[fliχtœiχ]
en avión	per vliegtuig	[pər fliχtœiχ]
en coche	per motor	[pər motor]
en barco	per skip	[pər skip]
equipaje (m)	bagasie	[baχasi]
maleta (f)	tas	[tas]
carrito (m) de equipaje	bagasiekarretjie	[baχasi·karrəki]
pasaporte (m)	paspoort	[paspoərt]
visado (m)	visum	[fisum]
billete (m)	kaartjie	[kārki]
billete (m) de avión	lugkaartjie	[luχ·kārki]
guía (f) (libro)	reisgids	[ræjsχids]
mapa (m)	kaart	[kārt]
área (m) (~ rural)	gebied	[χebit]
lugar (m)	plek	[plek]
exotismo (m)	eksotiese dinge	[ɛksotisə diŋə]
exótico (adj)	eksoties	[ɛksotis]
asombroso (adj)	verbasend	[ferbasent]
grupo (m)	groep	[χrup]
excursión (f)	uitstappie	[œitstappi]
guía (m) (persona)	gids	[χids]

131. El hotel

hotel (m)	hotel	[hotəl]
motel (m)	motel	[motəl]
de tres estrellas	drie-ster	[dri-stər]

| de cinco estrellas | vyf-ster | [fajf-stər] |
| hospedarse (vr) | oornag | [oərnaχ] |

habitación (f)	kamer	[kamər]
habitación (f) individual	enkelkamer	[ɛnkəl·kamər]
habitación (f) doble	dubbelkamer	[dubbəl·kamər]

| media pensión (f) | met aandete, bed en ontbyt | [met āndetə], [bet en ontbajt] |
| pensión (f) completa | volle losies | [follə losis] |

con baño	met bad	[met bat]
con ducha	met stortbad	[met stort·bat]
televisión (f) satélite	satelliet-TV	[satɛllit-te·fe]
climatizador (m)	lugversorger	[luχfersorχər]
toalla (f)	handdoek	[handduk]
llave (f)	sleutel	[sløətəl]

administrador (m)	bestuurder	[bestɪrdər]
camarera (f)	kamermeisie	[kamər·mæjsi]
maletero (m)	hoteljoggie	[hotəl·joχi]
portero (m)	portier	[portir]

restaurante (m)	restaurant	[restɔurant]
bar (m)	kroeg	[kruχ]
desayuno (m)	ontbyt	[ontbajt]
cena (f)	aandete	[āndetə]
buffet (m) libre	buffetete	[buffetetə]

| vestíbulo (m) | voorportaal | [foər·portāl] |
| ascensor (m) | hysbak | [hajsbak] |

| NO MOLESTAR | MOENIE STEUR NIE | [muni støər ni] |
| PROHIBIDO FUMAR | ROOK VERBODE | [roək ferbodə] |

132. Los libros. La lectura

libro (m)	boek	[buk]
autor (m)	outeur	[æʊtøər]
escritor (m)	skrywer	[skrajvər]
escribir (~ un libro)	skryf	[skrajf]

lector (m)	leser	[lesər]
leer (vi, vt)	lees	[leəs]
lectura (f)	lees	[leəs]

| en silencio | stil | [stil] |
| en voz alta | hardop | [hardop] |

editar (vt)	uitgee	[œitχeə]
edición (f) (~ de libros)	uitgee	[œitχeə]
editor (m)	uitgewer	[œitχevər]
editorial (f)	uitgewery	[œitχevəraj]
salir (libro)	verskyn	[ferskajn]
salida (f) (de un libro)	verskyn	[ferskajn]

tirada (f)	oplaag	[oplāχ]
librería (f)	boekhandel	[buk·handəl]
biblioteca (f)	biblioteek	[biblioteək]
cuento (m)	novelle	[nofɛllə]
relato (m) corto	kortverhaal	[kort·ferhāl]
novela (f)	roman	[roman]
novela (f) policíaca	speurroman	[spøər·roman]
memorias (f pl)	memoires	[memuares]
leyenda (f)	legende	[leχendə]
mito (m)	mite	[mitə]
versos (m pl)	poësie	[poɛsi]
autobiografía (f)	outobiografie	[æʋtobioχrafi]
obras (f pl) escogidas	bloemlesing	[blumlesiŋ]
ciencia ficción (f)	wetenskapsfiksie	[vetɛŋskaps·fiksi]
título (m)	titel	[titel]
introducción (f)	inleiding	[inlæjdiŋ]
portada (f)	titelblad	[titel·blat]
capítulo (m)	hoofstuk	[hoəfstuk]
extracto (m)	fragment	[fraχment]
episodio (m)	episode	[ɛpisodə]
sujeto (m)	plot	[plot]
contenido (m)	inhoud	[inhæʋt]
tabla (f) de contenidos	inhoudsopgawe	[inhæʋds·opχavə]
héroe (m) principal	hoofkarakter	[hoəf·karaktər]
tomo (m)	deel	[deəl]
cubierta (f)	omslag	[omslaχ]
encuadernado (m)	band	[bant]
marcador (m) de libro	bladwyser	[blat·vajsər]
página (f)	bladsy	[bladsaj]
hojear (vt)	deurblaai	[døərblāi]
márgenes (m pl)	marges	[marχəs]
anotación (f)	annotasie	[annotasi]
nota (f) a pie de página	voetnota	[fut·nota]
texto (m)	teks	[teks]
fuente (f)	lettertipe	[lɛttər·tipə]
errata (f)	drukfout	[druk·fæʋt]
traducción (f)	vertaling	[fertaliŋ]
traducir (vt)	vertaal	[fertāl]
original (m)	oorspronklike	[oərspronklikə]
famoso (adj)	beroemd	[berumt]
desconocido (adj)	onbekend	[onbekent]
interesante (adj)	interessante	[interessantə]
best-seller (m)	blitsverkoper	[blits·ferkopər]
diccionario (m)	woordeboek	[voərdə·buk]
manual (m)	handboek	[hand·buk]
enciclopedia (f)	ensiklopedie	[ɛŋsiklopedi]

133. La caza. La pesca

caza (f)	jag	[jaχ]
cazar (vi, vt)	jag	[jaχ]
cazador (m)	jagter	[jaχtər]

tirar (vi)	skiet	[skit]
fusil (m)	geweer	[χeveər]
cartucho (m)	patroon	[patroən]
perdigón (m)	hael	[haəl]

cepo (m)	slagyster	[slaχ·ajstər]
trampa (f)	valstrik	[falstrik]
caer en la trampa	in die valstrik trap	[in di falstrik trap]
poner una trampa	n valstrik lê	[ə falstrik lɛ:]

cazador (m) furtivo	wildstroper	[vilt·stropər]
caza (f) menor	wild	[vilt]
perro (m) de caza	jaghond	[jaχ·hont]
safari (m)	safari	[safari]
animal (m) disecado	opgestopte dier	[opχestoptə dir]

pescador (m)	visterman	[fisterman]
pesca (f)	vis vang	[fis faŋ]
pescar (vi)	vis vang	[fis faŋ]
caña (f) de pescar	visstok	[fis·stok]
sedal (m)	vislyn	[fis·lajn]
anzuelo (m)	vishoek	[fis·huk]
flotador (m)	vlotter	[flottər]
cebo (m)	aas	[ãs]

lanzar el anzuelo	lyngooi	[lajnχoj]
picar (vt)	byt	[bajt]
pesca (f) (lo pescado)	vang	[faŋ]
agujero (m) en el hielo	gat in die ys	[χat in di ajs]

red (f)	visnet	[fis·net]
barca (f)	boot	[boət]
tirar la red	die net gooi	[di net χoj]
sacar la red	die net intrek	[di net intrek]
caer en la red	in die net val	[in di net fal]

ballenero (m) (persona)	walvisvanger	[valfis·vaŋər]
ballenero (m) (barco)	walvisboot	[valfis·boət]
arpón (m)	harpoen	[harpun]

134. Los juegos. El billar

billar (m)	biljart	[biljart]
sala (f) de billar	biljartkamer	[biljart·kamər]
bola (f) de billar	bal	[bal]
taco (m)	biljartstok	[biljart·stok]
tronera (f)	sakkie	[sakki]

135. Los juegos. Las cartas

cuadrados (m pl)	diamante	[diamantə]
picas (f pl)	skoppens	[skoppɛns]
corazones (m pl)	harte	[hartə]
tréboles (m pl)	klawers	[klavərs]
as (m)	aas	[ās]
rey (m)	koning	[koniŋ]
dama (f)	dame	[damə]
sota (f)	boer	[bur]
carta (f)	speelkaart	[speəl·kārt]
cartas (f pl)	kaarte	[kārtə]
triunfo (m)	troefkaart	[truf·kārt]
baraja (f)	pak kaarte	[pak kārtə]
punto (m)	punt	[punt]
dar (las cartas)	uitdeel	[œitdeəl]
barajar (vt)	skommel	[skomməl]
jugada (f)	beurt	[bøərt]
fullero (m)	valsspeler	[fals·spelər]

136. El descanso. Los juegos. Miscelánea

pasear (vi)	wandel	[vandəl]
paseo (m) (caminata)	wandeling	[vandəliŋ]
paseo (m) (en coche)	motorrit	[motor·rit]
aventura (f)	avontuur	[afontɪr]
picnic (m)	piekniek	[piknik]
juego (m)	spel	[spel]
jugador (m)	speler	[spelər]
partido (m)	spel	[spel]
coleccionista (m)	versamelaar	[fersamelār]
coleccionar (vt)	versamel	[fersaməl]
colección (f)	versameling	[fersaməliŋ]
crucigrama (m)	blokkiesraaisel	[blokkis·rāisəl]
hipódromo (m)	perderesiesbaan	[perdə·resisbān]
discoteca (f)	disko	[disko]
sauna (f)	sauna	[sɔuna]
lotería (f)	lotery	[loteraj]
marcha (f)	kampeeruitstappie	[kampeər·ajtstappi]
campo (m)	kamp	[kamp]
tienda (f) de campaña	tent	[tɛnt]
brújula (f)	kompas	[kompas]
campista (m)	kampeerder	[kampeərdər]
ver (la televisión)	kyk	[kajk]
telespectador (m)	kyker	[kajkər]
programa (m) de televisión	TV-program	[te·fe·proχram]

137. La fotografía

cámara (f) fotográfica	kamera	[kamera]
fotografía (f) (una foto)	foto	[foto]
fotógrafo (m)	fotograaf	[fotoχrāf]
estudio (m) fotográfico	fotostudio	[foto·studio]
álbum (m) de fotos	fotoalbum	[foto·album]
objetivo (m)	kameralens	[kamera·lɛŋs]
teleobjetivo (m)	telefotolens	[telefoto·lɛŋs]
filtro (m)	filter	[filtər]
lente (m)	lens	[lɛŋs]
óptica (f)	optiek	[optik]
diafragma (m)	diafragma	[diafraχma]
tiempo (m) de exposición	beligtingstyd	[beliχtiŋs·tajt]
visor (m)	soeker	[sukər]
cámara (f) digital	digitale kamera	[diχitalə kamera]
trípode (m)	driepoot	[dripoət]
flash (m)	flits	[flits]
fotografiar (vt)	fotografeer	[fotoχrafeər]
hacer fotos	fotografeer	[fotoχrafeər]
fotografiarse (vr)	jou portret laat maak	[jæʊ portret lāt māk]
foco (m)	fokus	[fokus]
enfocar (vt)	fokus	[fokus]
nítido (adj)	skerp	[skerp]
nitidez (f)	skerpheid	[skerphæjt]
contraste (m)	kontras	[kontras]
contrastante (adj)	kontrasryk	[kontrasrajk]
foto (f)	kiekie	[kiki]
negativo (m)	negatief	[neχatif]
película (f) fotográfica	rolfilm	[rolfilm]
fotograma (m)	raampie	[rāmpi]
imprimir (vt)	druk	[druk]

138. La playa. La natación

playa (f)	strand	[strant]
arena (f)	sand	[sant]
desierto (playa ~a)	verlate	[ferlatə]
bronceado (m)	sonbruin kleur	[sonbrœin kløər]
broncearse (vr)	bruinbrand	[brœinbrant]
bronceado (adj)	bruingebrand	[brœiŋəbrant]
protector (m) solar	sonskermroom	[sɔŋ·skerm·roəm]
bikini (m)	bikini	[bikini]
traje (m) de baño	baaikostuum	[bāj·kostɪm]

bañador (m)	baaibroek	[bāj·bruk]
piscina (f)	swembad	[swem·bat]
nadar (vi)	swem	[swem]
ducha (f)	stort	[stɔrt]
cambiarse (vr)	verklee	[ferkleə]
toalla (f)	handdoek	[handduk]

barca (f)	boot	[boət]
lancha (f) motora	motorboot	[motor·boət]

esquís (m pl) acuáticos	waterski	[vatər·ski]
bicicleta (f) acuática	waterfiets	[vatər·fits]
surf (m)	branderplankry	[brandərplank·raj]
surfista (m)	branderplankryer	[brandərplank·rajer]

equipo (m) de buceo	duiklong	[dœiklɔŋ]
aletas (f pl)	paddavoet	[padda·fut]
máscara (f) de buceo	duikmasker	[dœik·maskər]
buceador (m)	duiker	[dœikər]
bucear (vi)	duik	[dœik]
bajo el agua (adv)	onder water	[ondər vatər]

sombrilla (f)	strandsambreel	[strand·sambreəl]
tumbona (f)	strandstoel	[strand·stul]
gafas (f pl) de sol	sonbril	[son·bril]
colchoneta (f) inflable	opblaasmatras	[opblās·matras]

jugar (divertirse)	speel	[speəl]
bañarse (vr)	gaan swem	[χān swem]

pelota (f) de playa	strandbal	[strand·bal]
inflar (vt)	opblaas	[opblās]
inflable (colchoneta ~)	opblaas-	[opblās-]

ola (f)	golf	[χolf]
boya (f)	boei	[bui]
ahogarse (vr)	verdrink	[ferdrink]

salvar (vt)	red	[ret]
chaleco (m) salvavidas	reddingsbaadjie	[rɛddiŋs·bādʒi]
observar (vt)	dophou	[dophæʊ]
socorrista (m)	lewensredder	[levɛŋs·rɛddər]

EL EQUIPO TÉCNICO. EL TRANSPORTE

El equipo técnico

139. El computador

ordenador (m)	rekenaar	[rekənãr]
ordenador (m) portátil	skootrekenaar	[skoet·rekənãr]
encender (vt)	aanskakel	[ãŋskakəl]
apagar (vt)	afskakel	[afskakəl]
teclado (m)	toetsbord	[tuts·bort]
tecla (f)	toets	[tuts]
ratón (m)	muis	[mœis]
alfombrilla (f) para ratón	muismatjie	[mœis·maki]
botón (m)	knop	[knop]
cursor (m)	loper	[lopər]
monitor (m)	monitor	[monitor]
pantalla (f)	skerm	[skerm]
disco (m) duro	harde skyf	[hardə skajf]
volumen (m) de disco duro	harde skyf se vermoë	[hardə skajf sə fermoɛ]
memoria (f)	geheue	[χəhøə]
memoria (f) operativa	RAM-geheue	[ram-χehøəə]
archivo, fichero (m)	lêer	[lɛər]
carpeta (f)	gids	[χids]
abrir (vt)	oopmaak	[oəpmãk]
cerrar (vt)	sluit	[slœit]
guardar (un archivo)	bewaar	[bevãr]
borrar (vt)	uitvee	[œitfeə]
copiar (vt)	kopieer	[kopir]
ordenar (vt) (~ de A a Z, etc.)	sorteer	[sorteər]
copiar (vt)	oorplaas	[oərplãs]
programa (m)	program	[proχram]
software (m)	sagteware	[saχtevarə]
programador (m)	programmeur	[proχrammøər]
programar (vt)	programmeer	[proχrammeər]
hacker (m)	kuberkraker	[kubər·krakər]
contraseña (f)	wagwoord	[vaχ·woərt]
virus (m)	virus	[firus]
detectar (vt)	opspoor	[opspoər]
octeto (m)	greep	[χreəp]

megaocteto (m)	megagreep	[meχaχreəp]
datos (m pl)	data	[data]
base (f) de datos	databasis	[data·basis]

cable (m)	kabel	[kabəl]
desconectar (vt)	ontkoppel	[ontkoppəl]
conectar (vt)	konnekteer	[konnekteər]

140. El internet. El correo electrónico

internet (m), red (f)	internet	[internet]
navegador (m)	webblaaier	[veb·blãjer]
buscador (m)	soekenjin	[suk·ɛndʒin]
proveedor (m)	verskaffer	[ferskaffər]

webmaster (m)	webmeester	[veb·meəstər]
sitio (m) web	webwerf	[veb·werf]
página (f) web	webblad	[veb·blat]

| dirección (f) | adres | [adres] |
| libro (m) de direcciones | adresboek | [adres·buk] |

buzón (m)	posbus	[pos·bus]
correo (m)	pos	[pos]
lleno (adj)	vol	[fol]

mensaje (m)	boodskap	[boədskap]
correo (m) entrante	inkomende boodskappe	[inkomendə boədskappə]
correo (m) saliente	uitgaande boodskappe	[œitχãndə boədskappə]

expedidor (m)	sender	[sendər]
enviar (vt)	verstuur	[ferstɪr]
envío (m)	versending	[fersendiŋ]

| destinatario (m) | ontvanger | [ontfaŋər] |
| recibir (vt) | ontvang | [ontfaŋ] |

| correspondencia (f) | korrespondensie | [korrespondɛnsi] |
| escribirse con ... | korrespondeer | [korrespondeər] |

archivo, fichero (m)	lêer	[lɛər]
descargar (vt)	aflaai	[aflãi]
crear (vt)	skep	[skep]
borrar (vt)	uitvee	[œitfeə]
borrado (adj)	uitgevee	[œitχefeə]

conexión (f) (ADSL, etc.)	konneksie	[konneksi]
velocidad (f)	spoed	[sput]
módem (m)	modem	[modem]
acceso (m)	toegang	[tuχaŋ]
puerto (m)	portaal	[portãl]

| conexión (f) (establecer la ~) | aansluiting | [ãŋslœitiŋ] |
| conectarse a ... | aansluit by ... | [ãŋslœit baj ...] |

| seleccionar (vt) | **kies** | [kis] |
| buscar (vt) | **soek** | [suk] |

El transporte

141. El avión

avión (m)	vliegtuig	[fliχtœiχ]
billete (m) de avión	lugkaartjie	[luχ·kārki]
compañía (f) aérea	lugredery	[luχrederaj]
aeropuerto (m)	lughawe	[luχhavə]
supersónico (adj)	supersonies	[supersonis]
comandante (m)	kaptein	[kaptæjn]
tripulación (f)	bemanning	[bemanniŋ]
piloto (m)	piloot	[piloət]
azafata (f)	lugwaardin	[luχ·wārdin]
navegador (m)	navigator	[nafiχator]
alas (f pl)	vlerke	[flerkə]
cola (f)	stert	[stert]
cabina (f)	stuurkajuit	[stɪr·kajœit]
motor (m)	enjin	[ɛnʤin]
tren (m) de aterrizaje	landingstel	[landiŋ·stəl]
turbina (f)	turbine	[turbinə]
hélice (f)	skroef	[skruf]
caja (f) negra	swart boks	[swart boks]
timón (m)	stuurstang	[stɪr·staŋ]
combustible (m)	brandstof	[brantstof]
instructivo (m) de seguridad	veiligheidskaart	[fæjliχæjts·kārt]
respirador (m) de oxígeno	suurstofmasker	[sɪrstof·maskər]
uniforme (m)	uniform	[uniform]
chaleco (m) salvavidas	reddingsbaadjie	[rɛddiŋs·bāʤi]
paracaídas (m)	valskerm	[fal·skerm]
despegue (m)	opstyging	[opstajχiŋ]
despegar (vi)	opstyg	[opstajχ]
pista (f) de despegue	landingsbaan	[landiŋs·bān]
visibilidad (f)	uitsig	[œitsəχ]
vuelo (m)	vlug	[fluχ]
altura (f)	hoogte	[hoəχtə]
pozo (m) de aire	lugsak	[luχsak]
asiento (m)	sitplek	[sitplek]
auriculares (m pl)	koptelefoon	[kop·telefoən]
mesita (f) plegable	voutafeltjie	[fæʊ·tafɛlki]
ventana (f)	vliegtuigvenster	[fliχtœiχ·fɛŋstər]
pasillo (m)	paadjie	[pāʤi]

142. El tren

tren (m)	trein	[træjn]
tren (m) eléctrico	voorstedelike trein	[foərstedelikə træjn]
tren (m) rápido	sneltrein	[snɛl·træjn]
locomotora (f) diésel	diesellokomotief	[disəl·lokomotif]
tren (m) de vapor	stoomlokomotief	[stoəm·lokomotif]
coche (m)	passasierswa	[passasirs·wa]
coche (m) restaurante	eetwa	[eət·wa]
rieles (m pl)	spoorstawe	[spoər·stawə]
ferrocarril (m)	spoorweg	[spoər·weχ]
traviesa (f)	dwarslêer	[dwarslɛər]
plataforma (f)	perron	[perron]
vía (f)	spoor	[spoər]
semáforo (m)	semafoor	[semafoər]
estación (f)	stasie	[stasi]
maquinista (m)	treindrywer	[træjn·drajvər]
maletero (m)	portier	[portir]
mozo (m) del vagón	kondukteur	[konduktøər]
pasajero (m)	passasier	[passasir]
revisor (m)	kondukteur	[konduktøər]
corredor (m)	gang	[χaŋ]
freno (m) de urgencia	noodrem	[noədrem]
compartimiento (m)	kompartiment	[kompartiment]
litera (f)	bed	[bet]
litera (f) de arriba	boonste bed	[boəŋstə bet]
litera (f) de abajo	onderste bed	[ondərstə bet]
ropa (f) de cama	beddegoed	[beddə·χut]
billete (m)	kaartjie	[kārki]
horario (m)	diensrooster	[diŋs·roəstər]
pantalla (f) de información	informasiebord	[informasi·bort]
partir (vi)	vertrek	[fertrek]
partida (f) (del tren)	vertrek	[fertrek]
llegar (tren)	aankom	[ānkom]
llegada (f)	aankoms	[ānkoms]
llegar en tren	aankom per trein	[ānkom pər træjn]
tomar el tren	in die trein klim	[in di træjn klim]
bajar del tren	uit die trein klim	[œit di træjn klim]
descarrilamiento (m)	treinbotsing	[træjn·botsiŋ]
descarrilarse (vr)	ontspoor	[ontspoər]
tren (m) de vapor	stoomlokomotief	[stoəm·lokomotif]
fogonero (m)	stoker	[stokər]
hogar (m)	stookplek	[stoəkplek]
carbón (m)	steenkool	[steən·koəl]

143. El barco

buque (m)	skip	[skip]
navío (m)	vaartuig	[fārtœeix]

buque (m) de vapor	stoomboot	[stoəm·boət]
motonave (m)	rivierboot	[rifir·boət]
trasatlántico (m)	toerskip	[tur·skip]
crucero (m)	kruiser	[krœeisər]

yate (m)	jag	[jax]
remolcador (m)	sleepboot	[sleəp·boət]
barcaza (f)	vragskuit	[frax·skœeit]
ferry (m)	veerboot	[feər·boət]

velero (m)	seilskip	[sæjl·skip]
bergantín (m)	skoenerbrik	[skunər·brik]

rompehielos (m)	ysbreker	[ajs·brekər]
submarino (m)	duikboot	[dœeik·boət]

bote (m) de remo	roeiboot	[ruiboət]
bote (m)	bootjie	[boəki]
bote (m) salvavidas	reddingsboot	[rɛddiŋs·boət]
lancha (f) motora	motorboot	[motor·boət]

capitán (m)	kaptein	[kaptæjn]
marinero (m)	seeman	[seəman]
marino (m)	matroos	[matroəs]
tripulación (f)	bemanning	[bemanniŋ]

contramaestre (m)	bootsman	[boətsman]
grumete (m)	skeepsjonge	[skeəps·jonə]
cocinero (m) de abordo	kok	[kok]
médico (m) del buque	skeepsdokter	[skeəps·doktər]

cubierta (f)	dek	[dek]
mástil (m)	mas	[mas]
vela (f)	seil	[sæjl]

bodega (f)	skeepsruim	[skeəps·rœeim]
proa (f)	boeg	[bux]
popa (f)	agterstewe	[axtərstevə]
remo (m)	roeispaan	[ruis·pān]
hélice (f)	skroef	[skruf]

camarote (m)	kajuit	[kajœeit]
sala (f) de oficiales	offisierskajuit	[offisirs·kajœeit]
sala (f) de máquinas	enjinkamer	[ɛndʒin·kamər]
puente (m) de mando	brug	[brux]
sala (f) de radio	radiokamer	[radio·kamər]
onda (f)	golf	[xolf]
cuaderno (m) de bitácora	logboek	[loxbuk]
anteojo (m)	verkyker	[ferkajkər]
campana (f)	bel	[bəl]

bandera (f)	vlag	[flaχ]
cabo (m) (maroma)	kabel	[kabəl]
nudo (m)	knoop	[knoəp]

| pasamano (m) | dekleuning | [dek·løəniŋ] |
| pasarela (f) | gangplank | [χaŋ·plank] |

ancla (f)	anker	[ankər]
levar ancla	anker lig	[ankər ləχ]
echar ancla	anker uitgooi	[ankər œitχoj]
cadena (f) del ancla	ankerketting	[ankər·kɛttiŋ]

puerto (m)	hawe	[havə]
embarcadero (m)	kaai	[kāi]
amarrar (vt)	vasmeer	[fasmeər]
desamarrar (vt)	vertrek	[fertrek]

viaje (m)	reis	[ræjs]
crucero (m) (viaje)	cruise	[kru:s]
derrota (f) (rumbo)	koers	[kurs]
itinerario (m)	roete	[rutə]

canal (m) navegable	vaarwater	[fãr·vatər]
bajío (m)	sandbank	[sand·bank]
encallar (vi)	strand	[strant]

tempestad (f)	storm	[storm]
señal (f)	sienjaal	[sinjāl]
hundirse (vr)	sink	[sink]
¡Hombre al agua!	Man oorboord!	[man oərboərd!]
SOS	SOS	[sos]
aro (m) salvavidas	reddingsboei	[rɛddiŋs·bui]

144. El aeropuerto

aeropuerto (m)	lughawe	[luχhavə]
avión (m)	vliegtuig	[fliχtœiχ]
compañía (f) aérea	lugredery	[luχrederaj]
controlador (m) aéreo	lugverkeersleier	[luχ·ferkeərs·læjer]

despegue (m)	vertrek	[fertrek]
llegada (f)	aankoms	[ānkoms]
llegar (en avión)	aankom	[ānkom]

| hora (f) de salida | vertrektyd | [fertrək·tajt] |
| hora (f) de llegada | aankomstyd | [ānkoms·tajt] |

| retrasarse (vr) | vertraag wees | [fertrãχ veəs] |
| retraso (m) de vuelo | vlugvertraging | [fluχ·fertraχiŋ] |

pantalla (f) de información	informasiebord	[informasi·bort]
información (f)	informasie	[informasi]
anunciar (vt)	aankondig	[ānkondəχ]
vuelo (m)	vlug	[fluχ]

aduana (f)	doeane	[duanə]
aduanero (m)	doeanebeampte	[duanə·beamptə]
declaración (f) de aduana	doeaneverklaring	[duanə·ferklariŋ]
rellenar (vt)	invul	[inful]
control (m) de pasaportes	paspoortkontrole	[paspoərt·kontrolə]
equipaje (m)	bagasie	[baχasi]
equipaje (m) de mano	handbagasie	[hand·baχasi]
carrito (m) de equipaje	bagasiekarretjie	[baχasi·karrəki]
aterrizaje (m)	landing	[landiŋ]
pista (f) de aterrizaje	landingsbaan	[landiŋs·bān]
aterrizar (vi)	land	[lant]
escaleras (f pl) (de avión)	vliegtuigtrap	[fliχtœiχ·trap]
facturación (f) (check-in)	na die vertrektoonbank	[na di fertrək·toənbank]
mostrador (m) de facturación	vertrektoonbank	[fertrək·toənbank]
hacer el check-in	na die vertrektoonbank gaan	[na di fertrək·toənbank χān]
tarjeta (f) de embarque	instapkaart	[instap·kārt]
puerta (f) de embarque	vertrekuitgang	[fertrek·œitχaŋ]
tránsito (m)	transito	[traŋsito]
esperar (aguardar)	wag	[vaχ]
zona (f) de preembarque	vertreksaal	[fertrək·sāl]
despedir (vt)	afsien	[afsin]
despedirse (vr)	afskeid neem	[afskæjt neəm]

145. La bicicleta. La motocicleta

bicicleta (f)	fiets	[fits]
scooter (f)	bromponie	[bromponi]
motocicleta (f)	motorfiets	[motorfits]
ir en bicicleta	per fiets ry	[pər fits raj]
manillar (m)	stuurstang	[stɪr·staŋ]
pedal (m)	pedaal	[pedãl]
frenos (m pl)	remme	[remmə]
sillín (m)	fietssaal	[fits·sãl]
bomba (f)	pomp	[pomp]
portaequipajes (m)	bagasierak	[baχasi·rak]
faro (m)	fietslamp	[fits·lamp]
casco (m)	helmet	[hɛlmet]
rueda (f)	wiel	[vil]
guardabarros (m)	modderskerm	[moddər·skerm]
llanta (f)	velling	[fɛlliŋ]
rayo (m)	speek	[speək]

Los coches

146. Tipos de carros

coche (m)	motor	[motor]
coche (m) deportivo	sportmotor	[sport·motor]
limusina (f)	limousine	[limæʊsinə]
todoterreno (m)	veldvoertuig	[fɛlt·furtœix]
cabriolé (m)	met afslaandak	[met afslāndak]
microbús (m)	bussie	[bussi]
ambulancia (f)	ambulans	[ambulaŋs]
quitanieves (m)	sneeuploeg	[sniʊ·pluχ]
camión (m)	vragmotor	[fraχ·motor]
camión (m) cisterna	tenkwa	[tɛnk·wa]
camioneta (f)	bestelwa	[bestəl·wa]
remolcador (m)	padtrekker	[pad·trɛkkər]
remolque (m)	aanhangwa	[ānhaŋ·wa]
confortable (adj)	gemaklik	[χemaklik]
de ocasión (adj)	gebruik	[χebrœik]

147. Los carros. Taller de pintura

capó (m)	enjinkap	[ɛndʒin·kap]
guardabarros (m)	modderskerm	[moddər·skerm]
techo (m)	dak	[dak]
parabrisas (m)	voorruit	[foər·rœit]
espejo (m) retrovisor	truspieêl	[tru·spiɛl]
limpiador (m)	voorruitsproer	[foər·rœitsprur]
limpiaparabrisas (m)	ruitveêrs	[rœit·feɛrs]
ventana (f) lateral	syvenster	[saj·fɛŋstər]
elevalunas (m)	vensterhyser	[fɛŋstər·hajsər]
antena (f)	lugdraad	[luχdrāt]
techo (m) solar	sondak	[sondak]
parachoques (m)	buffer	[buffər]
maletero (m)	bagasiebak	[baχasi·bak]
baca (f) (portaequipajes)	dakreling	[dak·reliŋ]
puerta (f)	deur	[døər]
tirador (m) de puerta	handvatsel	[hand·fatsəl]
cerradura (f)	deurslot	[døər·slot]
matrícula (f)	nommerplaat	[nommər·plāt]
silenciador (m)	knaldemper	[knal·dempər]

| tanque (m) de gasolina | petroltenk | [petrol·tɛnk] |
| tubo (m) de escape | uitlaatpyp | [œitlãt·pajp] |

acelerador (m)	gaspedaal	[χas·pedãl]
pedal (m)	pedaal	[pedãl]
pedal (m) de acelerador	gaspedaal	[χas·pedãl]

freno (m)	rem	[rem]
pedal (m) de freno	rempedaal	[rem·pedãl]
frenar (vi)	remtrap	[remtrap]
freno (m) de mano	parkeerrem	[parkeər·rem]

embrague (m)	koppelaar	[koppelãr]
pedal (m) de embrague	koppelaarpedaal	[koppelãr·pedãl]
disco (m) de embrague	koppelaarskyf	[koppelãr·skajf]
amortiguador (m)	skokbreker	[skok·brekər]

rueda (f)	wiel	[vil]
rueda (f) de repuesto	spaarwiel	[spãr·wil]
neumático (m)	band	[bant]
tapacubo (m)	wieldop	[wil·dop]

ruedas (f pl) motrices	dryfwiele	[drajf·wilə]
de tracción delantera	voorwielaandrywing	[foərwil·ãndrajviŋ]
de tracción trasera	agterwielaandrywing	[aχtərwil·ãndrajviŋ]
de tracción integral	vierwielaandrywing	[firwil·ãndrajviŋ]

caja (f) de cambios	ratkas	[ratkas]
automático (adj)	outomaties	[æʊtomatis]
mecánico (adj)	meganies	[meχanis]
palanca (f) de cambios	ratwisselaar	[ratwisselãr]

| faro (m) delantero | koplig | [koplǝχ] |
| faros (m pl) | kopligte | [kopliχtə] |

luz (f) de cruce	dempstraal	[demp·strãl]
luz (f) de carretera	hoofstraal	[hoəf·strãl]
luz (f) de freno	remlig	[remlǝχ]

luz (f) de posición	parkeerlig	[parkeər·lǝχ]
luces (f pl) de emergencia	gevaarligte	[χefãr·liχtə]
luces (f pl) antiniebla	mislampe	[mis·lampə]
intermitente (m)	draaiwyser	[drãj·vajsər]
luz (f) de marcha atrás	trulig	[trulǝχ]

148. Los carros. El compartimento de pasajeros

habitáculo (m)	interieur	[interiøər]
de cuero (adj)	leer-	[leər-]
de felpa (adj)	fluweel-	[fluveəl-]
revestimiento (m)	bekleding	[beklediŋ]

| instrumento (m) | instrument | [instrument] |
| salpicadero (m) | voorpaneel | [foər·paneəl] |

| velocímetro (m) | spoedmeter | [spud·metər] |
| aguja (f) | wyster | [vajstər] |

cuentakilómetros (m)	afstandmeter	[afstant·metər]
indicador (m)	sensor	[sɛŋsor]
nivel (m)	vlak	[flak]
testigo (m) (~ luminoso)	waarskulig	[vārskuləχ]

volante (m)	stuurwiel	[stɪr·wil]
bocina (f)	toeter	[tutər]
botón (m)	knop	[knop]
interruptor (m)	skakelaar	[skakəlār]

asiento (m)	sitplek	[sitplek]
respaldo (m)	rugsteun	[ruχ·støøn]
reposacabezas (m)	kopstut	[kopstut]
cinturón (m) de seguridad	veiligheidsgordel	[fæjliχæjts·χordəl]
abrocharse el cinturón	die gordel vasmaak	[di χordəl fasmāk]
reglaje (m)	verstelling	[ferstɛliŋ]

| bolsa (f) de aire (airbag) | lugsak | [luχsak] |
| climatizador (m) | lugversorger | [luχfersorχər] |

radio (f)	radio	[radio]
reproductor (m) de CD	CD-speler	[se·de spelər]
encender (vt)	aanskakel	[ānskakəl]
antena (f)	lugdraad	[luχdrāt]
guantera (f)	paneelkassie	[paneel·kassi]
cenicero (m)	asbak	[asbak]

149. Los carros. El motor

motor (m)	motor, enjin	[motor], [ɛnʤin]
diesel (adj)	diesel	[disəl]
a gasolina (adj)	petrol	[petrol]

volumen (m) del motor	enjininhoud	[ɛnʤin·inhæʊt]
potencia (f)	krag	[kraχ]
caballo (m) de fuerza	perdekrag	[pərdə·kraχ]
pistón (m)	suier	[sœier]
cilindro (m)	silinder	[silindər]
válvula (f)	klep	[klep]

inyector (m)	inspuiting	[inspœitiŋ]
generador (m)	generator	[χenerator]
carburador (m)	vergasser	[ferχassər]
aceite (m) de motor	motorolie	[motor·oli]

radiador (m)	verkoeler	[ferkulər]
liquido (m) refrigerante	koelmiddel	[kul·middəl]
ventilador (m)	waaier	[vājer]

| batería (f) | battery | [battəraj] |
| estárter (m) | aansitter | [āŋsittər] |

| encendido (m) | ontsteking | [ontstekiŋ] |
| bujía (f) de ignición | vonkprop | [fonk·prop] |

terminal (f)	pool	[poəl]
terminal (f) positiva	positiewe pool	[positivə poəl]
terminal (f) negativa	negatiewe pool	[neχativə poəl]
fusible (m)	sekering	[sekəriŋ]

filtro (m) de aire	lugfilter	[luχ·filtər]
filtro (m) de aceite	oliefilter	[oli·filtər]
filtro (m) de combustible	brandstoffilter	[brantstof·filtər]

150. Los carros. Los choques. La reparación

accidente (m)	motorbotsing	[motor·botsiŋ]
accidente (m) de tráfico	verkeersongeluk	[fɛrkeərs·onχəluk]
chocar contra ...	bots	[bots]
tener un accidente	verongeluk	[feronχəluk]
daño (m)	skade	[skadə]
intacto (adj)	onbeskadig	[onbeskadəχ]

pana (f)	onklaar raak	[onklār rāk]
averiarse (vr)	onklaar raak	[onklār rāk]
remolque (m) (cuerda)	sleeptou	[sleəp·tæʊ]

pinchazo (m)	papwiel	[pap·wil]
desinflarse (vr)	pap wees	[pap veəs]
inflar (vt)	oppomp	[oppomp]
presión (f)	druk	[druk]
verificar (vt)	nagaan	[naχān]

reparación (f)	herstel	[herstəl]
taller (m)	garage	[χaraʒə]
parte (f) de repuesto	onderdeel	[ondərdeəl]
parte (f)	onderdeel	[ondərdeəl]

perno (m)	bout	[bæʊt]
tornillo (m)	skroef	[skruf]
tuerca (f)	moer	[mur]
arandela (f)	waster	[vastər]
rodamiento (m)	koeêllaer	[kuɛllaer]

tubo (m)	pyp	[pajp]
junta (f)	pakstuk	[pakstuk]
hilo (m)	kabel	[kabəl]

gato (m)	domkrag	[domkraχ]
llave (f) de tuerca	moersleutel	[mur·sløətəl]
martillo (m)	hamer	[hamər]
bomba (f)	pomp	[pomp]
destornillador (m)	skroewedraaier	[skruvə·drājer]

| extintor (m) | brandblusser | [brant·blussər] |
| triángulo (m) de avería | gevaardriehoek | [χefār·drihuk] |

calarse (vr)	stol	[stol]
parada (f) (del motor)	stol	[stol]
estar averiado	stukkend wees	[stukkent veəs]

recalentarse (vr)	oorverhit	[oərferhit]
estar atascado	verstop raak	[ferstop rãk]
congelarse (vr)	vries	[fris]
reventar (vi)	bars	[bars]

presión (f)	druk	[druk]
nivel (m)	vlak	[flak]
flojo (correa ~a)	slap	[slap]

abolladura (f)	duik	[dœik]
ruido (m) (en el motor)	klopgeluid	[klop·χəlœit]
grieta (f)	kraak	[krãk]
rozadura (f)	skraap	[skrãp]

151. Los carros. La calle

camino (m)	pad	[pat]
autovía (f)	deurpad	[døərpat]
carretera (f)	deurpad	[døərpat]
dirección (f)	rigting	[riχtiŋ]
distancia (f)	afstand	[afstant]

puente (m)	brug	[bruχ]
aparcamiento (m)	parkeerterrein	[parkeər·terræjn]
plaza (f)	plein	[plæjn]
intercambiador (m)	padknoop	[pad·knoəp]
túnel (m)	tonnel	[tonnəl]

gasolinera (f)	petrolstasie	[petrol·stasi]
aparcamiento (m)	parkeerterrein	[parkeər·terræjn]
surtidor (m)	petrolpomp	[petrol·pomp]
taller (m)	garage	[χaraʒə]
cargar gasolina	volmaak	[folmãk]
combustible (m)	brandstof	[brantstof]
bidón (m) de gasolina	petrolblik	[petrol·blik]

asfalto (m)	teer	[teər]
señalización (f) vial	padmerktekens	[pad·merktekɛŋs]
bordillo (m)	randsteen	[rand·steən]
barrera (f) de seguridad	skutreling	[skut·reliŋ]
cuneta (f)	donga	[donχa]
borde (m) de la carretera	skouer	[skæʊər]
farola (f)	lamppaal	[lamp·pãl]

conducir (vi, vt)	bestuur	[bestɪr]
girar (~ a la izquierda)	draai	[drãi]
dar la vuelta en U	U-draai maak	[u-drãj mãk]
marcha (f) atrás	tru-	[tru-]
tocar la bocina	toeter	[tutər]
bocinazo (m)	toeter	[tutər]

atascarse (vr)	**vassteek**	[fassteək]
patinar (vi)	**die wiele laat tol**	[di vilə lãt tol]
parar (el motor)	**afskakel**	[afskakəl]
velocidad (f)	**spoed**	[sput]
exceder la velocidad	**die spoedgrens oortree**	[di sputχrɛŋs oərtreə]
semáforo (m)	**robot**	[robot]
permiso (m) de conducir	**bestuurslisensie**	[bestɪrs·lisɛŋsi]
paso (m) a nivel	**treinoorgang**	[træjn·oərχaŋ]
cruce (m)	**kruispunt**	[krœis·punt]
paso (m) de peatones	**sebraoorgang**	[sebra·oərχaŋ]
curva (f)	**draai**	[drãi]
zona (f) de peatones	**voetgangerstraat**	[futχaŋər·strãt]

LA GENTE. ACONTECIMIENTOS DE LA VIDA

Acontecimentos de la vida

152. Los días festivos. Los eventos

fiesta (f)	partytjie	[partajki]
fiesta (f) nacional	nasionale dag	[naʃionalə daχ]
día (m) de fiesta	openbare vakansiedag	[openbarə fakaŋsi·daχ]
festejar (vt)	herdenk	[herdenk]
evento (m)	gebeurtenis	[χebøərtenis]
medida (f)	gebeurtenis	[χebøərtenis]
banquete (m)	banket	[banket]
recepción (f)	onthaal	[onthāl]
festín (m)	feesmaal	[feəs·māl]
aniversario (m)	verjaardag	[ferjār·daχ]
jubileo (m)	jubileum	[jubiløəm]
celebrar (vt)	vier	[fir]
Año (m) Nuevo	Nuwejaar	[nuvejār]
¡Feliz Año Nuevo!	Voorspoedige Nuwejaar	[foərspudiχə nuvejār]
Papá Noel (m)	Kersvader	[kers·fadər]
Navidad (f)	Kersfees	[kersfeəs]
¡Feliz Navidad!	Geseënde Kersfees	[χeseɛndə kersfɛs]
árbol (m) de Navidad	Kersboom	[kers·boəm]
fuegos (m pl) artificiales	vuurwerk	[fɪrwerk]
boda (f)	bruilof	[brœilof]
novio (m)	bruidegom	[brœidəχom]
novia (f)	bruid	[brœit]
invitar (vt)	uitnooi	[œitnoj]
tarjeta (f) de invitación	uitnodiging	[œitnodəχiŋ]
invitado (m)	gas	[χas]
visitar (vt) (a los amigos)	besoek	[besuk]
recibir a los invitados	die gaste ontmoet	[di χastə ontmut]
regalo (m)	present	[present]
regalar (vt)	gee	[χeə]
recibir regalos	presente ontvang	[presentə ontfaŋ]
ramo (m) de flores	boeket	[buket]
felicitación (f)	gelukwense	[χelukwɛŋsə]
felicitar (vt)	gelukwens	[χelukwɛŋs]
tarjeta (f) de felicitación	geleentheidskaartjie	[χeleenthæjts·kārki]

brindis (m)	heildronk	[hæjldronk]
ofrecer (~ una copa)	aanbied	[ānbit]
champaña (f)	sjampanje	[ʃampanje]

divertirse (vr)	jouself geniet	[jæʊsɛlf χenit]
diversión (f)	pret	[pret]
alegría (f) (emoción)	vreugde	[frøəχdə]

baile (m)	dans	[daŋs]
bailar (vi, vt)	dans	[daŋs]

vals (m)	wals	[vals]
tango (m)	tango	[tanχo]

153. Los funerales. El entierro

cementerio (m)	begraafplaas	[beχrāf·plās]
tumba (f)	graf	[χraf]
cruz (f)	kruis	[krœis]
lápida (f)	grafsteen	[χrafsteən]
verja (f)	heining	[hæjniŋ]
capilla (f)	kapel	[kapəl]

muerte (f)	dood	[doət]
morir (vi)	doodgaan	[doədχān]
difunto (m)	oorledene	[oərledenə]
luto (m)	rou	[ræʊ]

enterrar (vt)	begrawe	[beχravə]
funeraria (f)	begrafnisonderneming	[beχrafnis·ondərnemiŋ]
entierro (m)	begrafnis	[beχrafnis]

corona (f) funeraria	krans	[kraŋs]
ataúd (m)	doodskis	[doədskis]
coche (m) fúnebre	lykswa	[lajks·wa]
mortaja (f)	lykkleed	[lajk·kleət]

cortejo (m) fúnebre	begrafnisstoet	[beχrafnis·stut]
urna (f) funeraria	urn	[urn]
crematorio (m)	krematorium	[krematorium]

necrología (f)	doodsberig	[doəds·berəχ]
llorar (vi)	huil	[hœil]
sollozar (vi)	snik	[snik]

154. La guerra. Los soldados

sección (f)	peleton	[peleton]
compañía (f)	kompanie	[kompani]
regimiento (m)	regiment	[reχiment]
ejército (m)	leër	[leɛr]
división (f)	divisie	[difisi]

destacamento (m)	afdeling	[afdeliŋ]
hueste (f)	leërskare	[leɛrskarə]

soldado (m)	soldaat	[soldãt]
oficial (m)	offisier	[offisir]

soldado (m) raso	soldaat	[soldãt]
sargento (m)	sersant	[sersant]
teniente (m)	luitenant	[lœitənant]
capitán (m)	kaptein	[kaptæjn]
mayor (m)	majoor	[majoər]
coronel (m)	kolonel	[kolonəl]
general (m)	generaal	[χenerãl]

marino (m)	matroos	[matroəs]
capitán (m)	kaptein	[kaptæjn]
contramaestre (m)	bootsman	[boətsman]
artillero (m)	artilleris	[artilleris]
paracaidista (m)	valskermsoldaat	[falskerm·soldãt]
piloto (m)	piloot	[piloət]
navegador (m)	navigator	[nafiχator]
mecánico (m)	werktuigkundige	[verktœiχ·kundiχə]

zapador (m)	sappeur	[sappøər]
paracaidista (m)	valskermspringer	[falskerm·spriŋər]
explorador (m)	verkenner	[ferkɛnnər]
francotirador (m)	skerpskut	[skerp·skut]

patrulla (f)	patrollie	[patrolli]
patrullar (vi, vt)	patrolleer	[patrolleər]
centinela (m)	wag	[vaχ]
guerrero (m)	vegter	[feχtər]
patriota (m)	patriot	[patriot]
héroe (m)	held	[hɛlt]
heroína (f)	heldin	[hɛldin]

traidor (m)	verraaier	[ferrãjer]
traicionar (vt)	verraai	[ferrãi]

desertor (m)	droster	[drostər]
desertar (vi)	dros	[dros]

mercenario (m)	huursoldaat	[hɪr·soldãt]
recluta (m)	rekruteer	[rekruteər]
voluntario (m)	vrywilliger	[frajvilliχər]

muerto (m)	dooie	[doje]
herido (m)	gewonde	[χevondə]
prisionero (m)	krygsgevangene	[krajχs·χefaŋənə]

155. La guerra. Las maniobras militares. Unidad 1

guerra (f)	oorlog	[oərloχ]
estar en guerra	oorlog voer	[oərloχ fur]

guerra (f) civil	burgeroorlog	[burgər·oərloχ]
pérfidamente (adv)	valslik	[falslik]
declaración (f) de guerra	oorlogsverklaring	[oərloχs·ferklariŋ]
declarar (~ la guerra)	oorlog verklaar	[oərloχ ferklār]
agresión (f)	aggressie	[aχrɛssi]
atacar (~ a un país)	aanval	[ānfal]

invadir (vt)	binneval	[binnəfal]
invasor (m)	binnevaller	[binnəfallər]
conquistador (m)	veroweraar	[feroverār]

defensa (f)	verdediging	[ferdedəχiŋ]
defender (vt)	verdedig	[ferdedəχ]
defenderse (vr)	jouself verdedig	[jæʊsɛlf ferdedəχ]

enemigo (m)	vyand	[fajant]
adversario (m)	teëstander	[teɛstandər]
enemigo (adj)	vyandig	[fajandəχ]

| estrategia (f) | strategie | [strateχi] |
| táctica (f) | taktiek | [taktik] |

orden (f)	bevel	[befəl]
comando (m)	bevel	[befəl]
ordenar (vt)	beveel	[befeəl]
misión (f)	opdrag	[opdraχ]
secreto (adj)	geheim	[χəhæjm]

| batalla (f) | veldslag | [fɛltslaχ] |
| combate (m) | geveg | [χefeχ] |

ataque (m)	aanval	[ānfal]
asalto (m)	bestorming	[bestormiŋ]
tomar por asalto	bestorm	[bestorm]
asedio (m), sitio (m)	beleg	[beleχ]

| ofensiva (f) | aanval | [ānfal] |
| tomar la ofensiva | tot die offensief oorgaan | [tot di offɛŋsif oərχān] |

| retirada (f) | terugtrekking | [teruχ·trɛkkiŋ] |
| retirarse (vr) | terugtrek | [teruχtrek] |

| envolvimiento (m) | omsingeling | [omsinχəliŋ] |
| cercar (vt) | omsingel | [omsiŋəl] |

bombardeo (m)	bombardement	[bombardement]
bombear (vt)	bombardeer	[bombardeər]
explosión (f)	ontploffing	[ontploffiŋ]

| tiro (m), disparo (m) | skoot | [skoət] |
| tiroteo (m) | skiet | [skit] |

apuntar a ...	mik op	[mik op]
encarar (apuntar)	rig	[riχ]
alcanzar (el objetivo)	tref	[tref]
hundir (vt)	sink	[sink]

brecha (f) (~ en el casco)	gat	[χat]
hundirse (vr)	sink	[sink]

frente (m)	front	[front]
evacuación (f)	evakuasie	[ɛfakuasi]
evacuar (vt)	evakueer	[ɛfakueər]

trinchera (f)	loopgraaf	[loəpχrāf]
alambre (m) de púas	doringdraad	[dorin·drāt]
barrera (f) (~ antitanque)	versperring	[fersperriŋ]
torre (f) de vigilancia	wagtoring	[vaχ·toriŋ]

hospital (m)	militêre hospitaal	[militærə hospitāl]
herir (vt)	wond	[vont]
herida (f)	wond	[vont]
herido (m)	gewonde	[χevondə]
recibir una herida	gewond	[χevont]
grave (herida)	ernstig	[ɛrnstəχ]

156. Las armas

arma (f)	wapens	[vapɛns]
arma (f) de fuego	vuurwapens	[fɪr·vapɛns]
arma (f) blanca	messe	[mɛssə]

arma (f) química	chemiese wapens	[χemisə vapɛns]
nuclear (adj)	kern-	[kern-]
arma (f) nuclear	kernwapens	[kern·vapɛns]

bomba (f)	bom	[bom]
bomba (f) atómica	atoombom	[atoəm·bom]

pistola (f)	pistool	[pistoəl]
fusil (m)	geweer	[χeveər]
metralleta (f)	aanvalsgeweer	[ānvals·χeveər]
ametralladora (f)	masjiengeweer	[maʃin·χeveər]

boca (f)	loop	[loəp]
cañón (m) (del arma)	loop	[loəp]
calibre (m)	kaliber	[kalibər]

gatillo (m)	sneller	[snɛllər]
alza (f)	visier	[fisir]
cargador (m)	magasyn	[maχasajn]
culata (f)	kolf	[kolf]

granada (f) de mano	handgranaat	[hand·χranāt]
explosivo (m)	springstof	[spriŋstof]

bala (f)	koeël	[kuɛl]
cartucho (m)	patroon	[patroən]
carga (f)	lading	[ladiŋ]
pertrechos (m pl)	ammunisie	[ammunisi]
bombardero (m)	bomwerper	[bom·werpər]

avión (m) de caza	straalvegter	[strāl·feχtər]
helicóptero (m)	helikopter	[helikoptər]
antiaéreo (m)	lugafweer	[luχafweər]
tanque (m)	tenk	[tɛnk]
cañón (m) (de un tanque)	tenkkanon	[tɛnk·kanon]
artillería (f)	artillerie	[artilleri]
cañón (m) (arma)	kanon	[kanon]
dirigir (un misil, etc.)	aanlê	[ānlɛ:]
obús (m)	projektiel	[projektil]
bomba (f) de mortero	mortierbom	[mortir·bom]
mortero (m)	mortier	[mortir]
trozo (m) de obús	skrapnel	[skrapnəl]
submarino (m)	duikboot	[dœik·boət]
torpedo (m)	torpedo	[torpedo]
misil (m)	vuurpyl	[fɪr·pajl]
cargar (pistola)	laai	[lāi]
tirar (vi)	skiet	[skit]
apuntar a ...	rig op	[riχ op]
bayoneta (f)	bajonet	[bajonet]
espada (f) (duelo a ~)	rapier	[rapir]
sable (m)	sabel	[sabəl]
lanza (f)	spies	[spis]
arco (m)	boog	[boəχ]
flecha (f)	pyl	[pajl]
mosquete (m)	musket	[musket]
ballesta (f)	kruisboog	[krœis·boəχ]

157. Los pueblos antiguos

primitivo (adj)	primitief	[primitif]
prehistórico (adj)	prehistories	[prehistoris]
antiguo (adj)	antiek	[antik]
Edad (f) de Piedra	Steentydperk	[steən·tajtperk]
Edad (f) de Bronce	Bronstydperk	[brɔŋs·tajtperk]
Edad (f) de Hielo	Ystydperk	[ajs·tajtperk]
tribu (f)	stam	[stam]
caníbal (m)	mensvreter	[mɛŋs·fretər]
cazador (m)	jagter	[jaχtər]
cazar (vi, vt)	jag	[jaχ]
mamut (m)	mammoet	[mammut]
caverna (f)	grot	[χrot]
fuego (m)	vuur	[fɪr]
hoguera (f)	kampvuur	[kampfɪr]
pintura (f) rupestre	rotstekening	[rots·tekəniŋ]
útil (m)	werktuig	[verktœiχ]

lanza (f)	spies	[spis]
hacha (f) de piedra	klipbyl	[klip·bajl]
estar en guerra	oorlog voer	[oərloχ fur]
domesticar (vt)	tem	[tem]

ídolo (m)	afgod	[afχot]
adorar (vt)	aanbid	[ānbit]
superstición (f)	bygeloof	[bajχəloəf]
rito (m)	ritueel	[ritueəl]

evolución (f)	evolusie	[ɛfolusi]
desarrollo (m)	ontwikkeling	[ontwikkeliŋ]
desaparición (f)	verdwyning	[ferdwajniŋ]
adaptarse (vr)	jou aanpas	[jæʊ ānpas]

arqueología (f)	argeologie	[arχeoloχi]
arqueólogo (m)	argeoloog	[arχeoloəχ]
arqueológico (adj)	argeologies	[arχeoloχis]

sitio (m) de excavación	opgrawingsplek	[opχraviŋs·plek]
excavaciones (f pl)	opgrawingsplekke	[opχraviŋs·plɛkkə]
hallazgo (m)	vonds	[fonds]
fragmento (m)	fragment	[fraχment]

158. La edad media

pueblo (m)	volk	[folk]
pueblos (m pl)	bevolking	[befolkiŋ]
tribu (f)	stam	[stam]
tribus (f pl)	stamme	[stammə]

bárbaros (m pl)	barbare	[barbarə]
galos (m pl)	Galliërs	[χalliɛrs]
godos (m pl)	Gote	[χote]
eslavos (m pl)	Slawe	[slavə]
vikingos (m pl)	Vikings	[vikiŋs]

romanos (m pl)	Romeine	[romæjnə]
romano (adj)	Romeins	[romæjns]

bizantinos (m pl)	Bisantyne	[bisantajnə]
Bizancio (m)	Bisantium	[bisantium]
bizantino (adj)	Bisantyns	[bisantajns]

emperador (m)	keiser	[kæjsər]
jefe (m)	leier	[læjer]
poderoso (adj)	magtig	[maχtəχ]
rey (m)	koning	[koniŋ]
gobernador (m)	heerser	[heərsər]

caballero (m)	ridder	[riddər]
señor (m) feudal	feodale heerser	[feodalə heərsər]
feudal (adj)	feodaal	[feodāl]
vasallo (m)	vasal	[fasal]

duque (m)	hertog	[hertoχ]
conde (m)	graaf	[χrãf]
barón (m)	baron	[baron]
obispo (m)	biskop	[biskop]
armadura (f)	harnas	[harnas]
escudo (m)	skild	[skilt]
espada (f) (danza de ~s)	swaard	[swãrt]
visera (f)	visier	[fisir]
cota (f) de malla	maliehemp	[mali·hemp]
cruzada (f)	Kruistog	[krœis·toχ]
cruzado (m)	kruisvaarder	[krœis·fãrdər]
territorio (m)	gebied	[χebit]
atacar (~ a un país)	aanval	[ãnfal]
conquistar (vt)	verower	[ferovər]
ocupar (invadir)	beset	[beset]
asedio (m), sitio (m)	beleg	[beleχ]
sitiado (adj)	beleërde	[belecrdə]
asediar, sitiar (vt)	beleër	[belecr]
inquisición (f)	inkwisisie	[inkvisisi]
inquisidor (m)	inkwisiteur	[inkvisitøer]
tortura (f)	marteling	[martəliŋ]
cruel (adj)	wreed	[vreet]
hereje (m)	ketter	[kctter]
herejía (f)	kettery	[kctteraj]
navegación (f) marítima	seevaart	[see·fãrt]
pirata (m)	piraat, seerower	[pirãt], [see·rovər]
piratería (f)	piratery, seerowery	[pirateraj], [see·roveraj]
abordaje (m)	enter	[cntər]
botín (m)	buit	[bœit]
tesoros (m pl)	skatte	[skattə]
descubrimiento (m)	ontdekking	[ontdckkiŋ]
descubrir (tierras nuevas)	ontdek	[ontdek]
expedición (f)	ekspedisie	[ckspedisi]
mosquetero (m)	musketier	[musketir]
cardenal (m)	kardinaal	[kardinãl]
heráldica (f)	heraldiek	[heraldik]
heráldico (adj)	heraldies	[heraldis]

159. El líder. El jefe. Las autoridades

rey (m)	koning	[koniŋ]
reina (f)	koningin	[koniŋin]
real (adj)	koninklik	[koninklik]
reino (m)	koninkryk	[koninkrajk]
príncipe (m)	prins	[prins]
princesa (f)	prinses	[prinsəs]

presidente (m)	president	[president]
vicepresidente (m)	vise-president	[fise-president]
senador (m)	senator	[senator]

monarca (m)	monarg	[monarχ]
gobernador (m)	heerser	[heərsər]
dictador (m)	diktator	[diktator]
tirano (m)	tiran	[tiran]
magnate (m)	magnaat	[maχnãt]

director (m)	direkteur	[direktøər]
jefe (m)	baas	[bãs]
gerente (m)	bestuurder	[bestɪrdər]
amo (m)	baas	[bãs]
dueño (m)	eienaar	[æjenãr]

jefe (m), líder (m)	leier	[læjer]
jefe (m) (~ de delegación)	hoof	[hoəf]
autoridades (f pl)	outoriteite	[æʊtoritæjtə]
superiores (m pl)	hoofde	[hoəfdə]

gobernador (m)	goewerneur	[χuvernøər]
cónsul (m)	konsul	[kɔŋsul]
diplomático (m)	diplomaat	[diplomãt]
alcalde (m)	burgermeester	[burgər·meəstər]
sheriff (m)	sheriff	[sheriff]

emperador (m)	keiser	[kæjsər]
zar (m)	tsaar	[tsãr]
faraón (m)	farao	[farao]
jan (m), kan (m)	kan	[kan]

160. Violar la ley. Los criminales. Unidad 1

bandido (m)	bandiet	[bandit]
crimen (m)	misdaad	[misdãt]
criminal (m)	misdadiger	[misdadiχər]

ladrón (m)	dief	[dif]
robar (vt)	steel	[steəl]
robo (m) (actividad)	steel	[steəl]
robo (m) (hurto)	diefstal	[difstal]

secuestrar (vt)	ontvoer	[ontfur]
secuestro (m)	ontvoering	[ontfuriŋ]
secuestrador (m)	ontvoerder	[ontfurdər]

| rescate (m) | losgeld | [losχɛlt] |
| exigir un rescate | losgeld eis | [losχɛlt æjs] |

robar (vt)	besteel	[besteəl]
robo (m)	oorval	[oərfal]
atracador (m)	boef	[buf]
extorsionar (vt)	afpers	[afpers]

| extorsionista (m) | afperser | [afpersər] |
| extorsión (f) | afpersing | [afpersiŋ] |

matar, asesinar (vt)	vermoor	[fermoər]
asesinato (m)	moord	[moərt]
asesino (m)	moordenaar	[moərdenãr]

tiro (m), disparo (m)	skoot	[skoət]
matar (a tiros)	doodskiet	[doədskit]
tirar (vi)	skiet	[skit]
tiroteo (m)	skietery	[skiteraj]

incidente (m)	insident	[insident]
pelea (f)	geveg	[χefeχ]
¡Socorro!	Help!	[hɛlp!]
víctima (f)	slagoffer	[slaχoffər]

perjudicar (vt)	beskadig	[beskadəχ]
daño (m)	skade	[skadə]
cadáver (m)	lyk	[lajk]
grave (un delito ~)	ernstig	[ɛrnstəχ]

atacar (vt)	aanval	[ãnfal]
pegar (golpear)	slaan	[slãn]
apporear (vt)	platslaan	[platslãn]
quitar (robar)	vat	[fat]
acuchillar (vt)	doodsteek	[doədsteək]
mutilar (vt)	vermink	[fermink]
herir (vt)	wond	[vont]

chantaje (m)	afpersing	[afpersiŋ]
hacer chantaje	afpers	[afpers]
chantajista (m)	afperser	[afpersər]

extorsión (f)	beskermingswendelary	[beskermiŋ·swendəlaraj]
extorsionador (m)	afperser	[afpersər]
gángster (m)	boef	[buf]
mafia (f)	mafia	[mafia]

| carterista (m) | sakkeroller | [sakkerollər] |
| ladrón (m) de viviendas | inbreker | [inbrekər] |

| contrabandismo (m) | smokkel | [smokkəl] |
| contrabandista (m) | smokkelaar | [smokkəlãr] |

falsificación (f)	vervalsing	[ferfalsiŋ]
falsificar (vt)	verval	[ferfal]
falso (falsificado)	vals	[fals]

161. Violar la ley. Los criminales. Unidad 2

violación (f)	verkragting	[ferkraχtiŋ]
violar (vt)	verkrag	[ferkraχ]
violador (m)	verkragter	[ferkraχtər]

149

maníaco (m)	maniak	[maniak]
prostituta (f)	prostituut	[prostittt]
prostitución (f)	prostitusie	[prostitusi]
chulo (m), proxeneta (m)	pooier	[pojer]
drogadicto (m)	dwelmslaaf	[dwɛlm·slāf]
narcotraficante (m)	dwelmhandelaar	[dwɛlm·handəlār]
hacer explotar	opblaas	[opblās]
explosión (f)	ontploffing	[ontploffiŋ]
incendiar (vt)	aan die brand steek	[ān di brant steək]
incendiario (m)	brandstigter	[brant·stiχtər]
terrorismo (m)	terrorisme	[terrorismə]
terrorista (m)	terroris	[terroris]
rehén (m)	gyselaar	[χajsəlār]
estafar (vt)	bedrieg	[bedrəχ]
estafa (f)	bedrog	[bedroχ]
estafador (m)	bedrieër	[bedriɛr]
sobornar (vt)	omkoop	[omkoəp]
soborno (m) (delito)	omkopery	[omkoperaj]
soborno (m) (dinero, etc.)	omkoopgeld	[omkoəp·χɛlt]
veneno (m)	gif	[χif]
envenenar (vt)	vergiftig	[ferχiftəχ]
envenenarse (vr)	jouself vergiftig	[jæusɛlf ferχiftəχ]
suicidio (m)	selfmoord	[sɛlfmoərt]
suicida (m, f)	selfmoordenaar	[sɛlfmoərdenār]
amenazar (vt)	dreig	[dræjχ]
amenaza (f)	dreigement	[dræjχement]
atentado (m)	aanslag	[āŋslaχ]
robar (un coche)	steel	[steəl]
secuestrar (un avión)	kaap	[kāp]
venganza (f)	wraak	[vrāk]
vengar (vt)	wreek	[vreək]
torturar (vt)	martel	[martəl]
tortura (f)	marteling	[martəliŋ]
atormentar (vt)	folter	[foltər]
pirata (m)	piraat, seerower	[pirāt], [seə·rovər]
gamberro (m)	skollie	[skolli]
armado (adj)	gewapen	[χevapen]
violencia (f)	geweld	[χevɛlt]
ilegal (adj)	onwettig	[onwɛttəχ]
espionaje (m)	spioenasie	[spiunasi]
espiar (vi, vt)	spioeneer	[spiuneər]

162. La policía. La ley. Unidad 1

justicia (f)	justisie	[jəstisi]
tribunal (m)	geregshof	[xereχshof]
juez (m)	regter	[reχtər]
jurados (m pl)	jurielede	[jurilede]
tribunal (m) de jurados	jurieregspraak	[juri·reχsprāk]
juzgar (vt)	bereg	[bereχ]
abogado (m)	advokaat	[adfokāt]
acusado (m)	beklaagde	[beklāχdə]
banquillo (m) de los acusados	beklaagdebank	[beklāχdə·bank]
inculpación (f)	aanklag	[ānklaχ]
inculpado (m)	beskuldigde	[beskuldiχdə]
sentencia (f)	vonnis	[fonnis]
sentenciar (vt)	veroordeel	[feroərdeəl]
culpable (m)	skuldig	[skuldəχ]
castigar (vt)	straf	[straf]
castigo (m)	straf	[straf]
multa (f)	boete	[butə]
cadena (f) perpetua	lewenslange gevangenisstraf	[levɛŋslaŋə χefaŋenis·straf]
pena (f) de muerte	doodstraf	[doədstraf]
silla (f) eléctrica	elektriese stoel	[ɛlektrisə stul]
horca (f)	galg	[χalχ]
ejecutar (vt)	eksekuteer	[ɛksekuteər]
ejecución (f)	eksekusie	[ɛksekusi]
prisión (f)	tronk	[tronk]
celda (f)	sel	[səl]
escolta (f)	eskort	[ɛskort]
guardia (m) de prisiones	tronkbewaarder	[tronk·bevārdər]
prisionero (m)	gevangene	[χefaŋənə]
esposas (f pl)	handboeie	[hant·buje]
esposar (vt)	in die boeie slaan	[in di buje slān]
escape (m)	ontsnapping	[ontsnappiŋ]
escaparse (vr)	ontsnap	[ontsnap]
desaparecer (vi)	verdwyn	[ferdwajn]
liberar (vt)	vrylaat	[frajlāt]
amnistía (f)	amnestie	[amnesti]
policía (f) (~ nacional)	polisie	[polisi]
policía (m)	polisieman	[polisi·man]
comisaría (f) de policía	polisiestasie	[polisi·stasi]
porra (f)	knuppel	[knuppəl]
megáfono (m)	megafoon	[meχafoən]

coche (m) patrulla	patrolliemotor	[patrolli·motor]
sirena (f)	sirene	[sirenə]
poner la sirena	die sirene aanskakel	[di sirenə āŋskakəl]
canto (m) de la sirena	sirenegeloei	[sirenə·χelui]

escena (f) del delito	misdaadtoneel	[misdād·toneel]
testigo (m)	getuie	[χetœiə]
libertad (f)	vryheid	[frajhæjt]
cómplice (m)	medepligtige	[medə·pliχtiχə]
escapar de ...	ontvlug	[ontfluχ]
rastro (m)	spoor	[spoər]

163. La policía. La ley. Unidad 2

búsqueda (f)	soektog	[suktoχ]
buscar (~ el criminal)	soek ...	[suk ...]
sospecha (f)	verdenking	[ferdɛnkiŋ]
sospechoso (adj)	verdag	[ferdaχ]
parar (~ en la calle)	teëhou	[teɛhæu]
retener (vt)	aanhou	[ānhæu]

causa (f) (~ penal)	hofsaak	[hofsāk]
investigación (f)	ondersoek	[ondərsuk]
detective (m)	speurder	[spøərdər]
investigador (m)	speurder	[spøərdər]
versión (f)	hipotese	[hipotesə]

motivo (m)	motief	[motif]
interrogatorio (m)	ondervraging	[ondərfraχiŋ]
interrogar (vt)	ondervra	[ondərfra]
interrogar (al testigo)	verhoor	[ferhoər]
control (m) (de vehículos, etc.)	kontroleer	[kontroleər]

redada (f)	klopjag	[klopjaχ]
registro (m) (~ de la casa)	huissoeking	[hœis·sukiŋ]
persecución (f)	agtervolging	[aχtərfolχiŋ]
perseguir (vt)	agtervolg	[aχtərfolχ]
rastrear (~ al criminal)	opspoor	[opspoər]

arresto (m)	inhegtenisneming	[inheχtenis·nemiŋ]
arrestar (vt)	arresteer	[arresteər]
capturar (vt)	vang	[faŋ]
captura (f)	opsporing	[opsporiŋ]

documento (m)	dokument	[dokument]
prueba (f)	bewys	[bevajs]
probar (vt)	bewys	[bevajs]
huella (f) (pisada)	voetspoor	[futspoər]
huellas (f pl) digitales	vingerafdrukke	[fiŋər·afdrukkə]
elemento (m) de prueba	bewysstuk	[bevajs·stuk]

coartada (f)	alibi	[alibi]
inocente (no culpable)	onskuldig	[ɔŋskuldəχ]
injusticia (f)	onreg	[onreχ]

injusto (adj)	**onregverdig**	[onreχferdəχ]
criminal (adj)	**krimineel**	[krimineəl]
confiscar (vt)	**in beslag neem**	[in beslaχ neəm]
narcótico (f)	**dwelm**	[dwɛlm]
arma (f)	**wapen**	[vapen]
desarmar (vt)	**ontwapen**	[ontvapen]
ordenar (vt)	**beveel**	[befeəl]
desaparecer (vi)	**verdwyn**	[ferdwajn]
ley (f)	**wet**	[vet]
legal (adj)	**wettig**	[vɛttəχ]
ilegal (adj)	**onwettig**	[onwɛttəχ]
responsabilidad (f)	**verantwoordelikheid**	[ferant·voərdelikhæjt]
responsable (adj)	**verantwoordelik**	[ferant·voərdelik]

LA NATURALEZA

La tierra. Unidad 1

164. El espacio

cosmos (m)	kosmos	[kosmos]
espacial, cósmico (adj)	kosmies	[kosmis]
espacio (m) cósmico	buitenste ruimte	[bœitɛŋstə rajmtə]
mundo (m)	wêreld	[værɛlt]
universo (m)	heelal	[heəlal]
galaxia (f)	sterrestelsel	[sterrə·stɛlsəl]
estrella (f)	ster	[ster]
constelación (f)	sterrebeeld	[sterrə·beəlt]
planeta (m)	planeet	[planeət]
satélite (m)	satelliet	[satɛllit]
meteorito (m)	meteoriet	[meteorit]
cometa (f)	komeet	[komeət]
asteroide (m)	asteroïed	[asteroïət]
órbita (f)	baan	[bān]
girar (vi)	draai	[drāi]
atmósfera (f)	atmosfeer	[atmosfeər]
Sol (m)	die Son	[di son]
Sistema (m) Solar	sonnestelsel	[sonnə·stɛlsəl]
eclipse (m) de Sol	sonsverduistering	[sɔŋs·ferdœisteriŋ]
Tierra (f)	die Aarde	[di ārdə]
Luna (f)	die Maan	[di mãn]
Marte (m)	Mars	[mars]
Venus (f)	Venus	[fenus]
Júpiter (m)	Jupiter	[jupitər]
Saturno (m)	Saturnus	[saturnus]
Mercurio (m)	Mercurius	[merkurius]
Urano (m)	Uranus	[uranus]
Neptuno (m)	Neptunus	[neptunus]
Plutón (m)	Pluto	[pluto]
la Vía Láctea	Melkweg	[melk·weχ]
la Osa Mayor	Groot Beer	[χroət beər]
la Estrella Polar	Poolster	[poəl·stər]
marciano (m)	marsbewoner	[mars·bevonər]
extraterrestre (m)	buiteaardse wese	[bœitə·ārdsə vesə]

planetícola (m)	ruimtewese	[rœimtə·vesə]
platillo (m) volante	vlieënde skottel	[fliɛndə skottəl]
nave (f) espacial	ruimteskip	[rœimtə·skip]
estación (f) orbital	ruimtestasie	[rœimtə·stasi]
despegue (m)	vertrek	[fertrek]
motor (m)	enjin	[ɛndʒin]
tobera (f)	uitlaatpyp	[œitlãt·pajp]
combustible (m)	brandstof	[brantstof]
carlinga (f)	stuurkajuit	[stɪr·kajœit]
antena (f)	lugdraad	[luχdrãt]
ventana (f)	patryspoort	[patrajs·poərt]
batería (f) solar	sonpaneel	[son·paneəl]
escafandra (f)	ruimtepak	[rœimtə·pak]
ingravidez (f)	gewigloosheid	[χeviχloəshæjt]
oxígeno (m)	suurstof	[sɪrstof]
atraque (m)	koppeling	[koppeliŋ]
realizar el atraque	koppel	[koppəl]
observatorio (m)	observatorium	[observatorium]
telescopio (m)	teleskoop	[teleskoəp]
observar (vt)	waarneem	[vãrneəm]
explorar (~ el universo)	eksploreer	[ɛksploreər]

165. La tierra

Tierra (f)	die Aarde	[di ãrdə]
globo (m) terrestre	die aardbol	[di ãrdbol]
planeta (m)	planeet	[planeət]
atmósfera (f)	atmosfeer	[atmosfeər]
geografía (f)	geografie	[χeoχrafi]
naturaleza (f)	natuur	[natɪr]
globo (m) terráqueo	aardbol	[ãrd·bol]
mapa (m)	kaart	[kãrt]
atlas (m)	atlas	[atlas]
Europa (f)	Europa	[øøropa]
Asia (f)	Asië	[asiɛ]
África (f)	Afrika	[afrika]
Australia (f)	Australië	[ɔustraliɛ]
América (f)	Amerika	[amerika]
América (f) del Norte	Noord-Amerika	[noərd-amerika]
América (f) del Sur	Suid-Amerika	[sœid-amerika]
Antártida (f)	Suidpool	[sœid·poəl]
Ártico (m)	Noordpool	[noərd·poəl]

166. Los puntos cardinales

norte (m)	noorde	[noərdə]
al norte	na die noorde	[na di noərdə]
en el norte	in die noorde	[in di noərdə]
del norte (adj)	noordelik	[noərdəlik]

sur (m)	suide	[sœidə]
al sur	na die suide	[na di sœidə]
en el sur	in die suide	[in di sœidə]
del sur (adj)	suidelik	[sœidəlik]

oeste (m)	weste	[vestə]
al oeste	na die weste	[na di vestə]
en el oeste	in die weste	[in di vestə]
del oeste (adj)	westelik	[vestelik]

este (m)	ooste	[oəstə]
al este	na die ooste	[na di oəstə]
en el este	in die ooste	[in di oəstə]
del este (adj)	oostelik	[oəstəlik]

167. El mar. El océano

mar (m)	see	[seə]
océano (m)	oseaan	[oseãn]
golfo (m)	golf	[χolf]
estrecho (m)	straat	[strãt]

| tierra (f) firme | land | [lant] |
| continente (m) | kontinent | [kontinent] |

isla (f)	eiland	[æjlant]
península (f)	skiereiland	[skir·æjlant]
archipiélago (m)	argipel	[arχipəl]

bahía (f)	baai	[bãi]
puerto (m)	hawe	[havə]
laguna (f)	strandmeer	[strand·meər]
cabo (m)	kaap	[kãp]

atolón (m)	atol	[atol]
arrecife (m)	rif	[rif]
coral (m)	koraal	[korãl]
arrecife (m) de coral	koraalrif	[korãl·rif]

profundo (adj)	diep	[dip]
profundidad (f)	diepte	[diptə]
abismo (m)	afgrond	[afχront]
fosa (f) oceánica	trog	[troχ]

| corriente (f) | stroming | [stromiŋ] |
| bañar (rodear) | omring | [omriŋ] |

| orilla (f) | oewer | [uvər] |
| costa (f) | kus | [kus] |

flujo (m)	hoogwater	[hoəχ·vatər]
reflujo (m)	laagwater	[lāχ·vatər]
banco (m) de arena	sandbank	[sand·bank]
fondo (m)	bodem	[bodem]

ola (f)	golf	[χolf]
cresta (f) de la ola	kruin	[krœin]
espuma (f)	skuim	[skœim]

tempestad (f)	storm	[storm]
huracán (m)	orkaan	[orkān]
tsunami (m)	tsunami	[tsunami]
bonanza (f)	windstilte	[vindstiltə]
calmo, tranquilo	kalm	[kalm]

| polo (m) | pool | [poəl] |
| polar (adj) | polêr | [polær] |

latitud (f)	breedtegraad	[breədtə·χrāt]
longitud (f)	lengtegraad	[leŋtə·χrāt]
paralelo (m)	parallel	[paralləl]
ecuador (m)	ewenaar	[ɛvenār]

cielo (m)	hemel	[hemel]
horizonte (m)	horison	[horison]
aire (m)	lug	[luχ]

faro (m)	vuurtoring	[fɪrtoriŋ]
bucear (vi)	duik	[dœik]
hundirse (vr)	sink	[sink]
tesoros (m pl)	skatte	[skattə]

168. Las montañas

montaña (f)	berg	[berχ]
cadena (f) de montañas	bergreeks	[berχ·reəks]
cresta (f) de montañas	bergrug	[berχ·ruχ]

cima (f)	top	[top]
pico (m)	piek	[pik]
pie (m)	voet	[fut]
cuesta (f)	helling	[hɛlliŋ]

volcán (m)	vulkaan	[fulkān]
volcán (m) activo	aktiewe vulkaan	[aktivə fulkān]
volcán (m) apagado	rustende vulkaan	[rustendə fulkān]

erupción (f)	uitbarsting	[œitbarstiŋ]
cráter (m)	krater	[kratər]
magma (f)	magma	[maχma]
lava (f)	lawa	[lava]

fundido (lava ~a)	gloeiende	[χlujendə]
cañón (m)	diepkloof	[dip·kloəf]
desfiladero (m)	kloof	[kloəf]
grieta (f)	skeur	[skøər]
precipicio (m)	afgrond	[afχront]

puerto (m) (paso)	bergpas	[berχ·pas]
meseta (f)	plato	[plato]
roca (f)	krans	[kraŋs]
colina (f)	kop	[kop]

glaciar (m)	gletser	[χletsər]
cascada (f)	waterval	[vatər·fal]
geiser (m)	geiser	[χæjsər]
lago (m)	meer	[meər]

llanura (f)	vlakte	[flaktə]
paisaje (m)	landskap	[landskap]
eco (m)	eggo	[εχχo]

alpinista (m)	alpinis	[alpinis]
escalador (m)	bergklimmer	[berχ·klimmər]
conquistar (vt)	baasraak	[bāsrāk]
ascensión (f)	beklimming	[beklimmiŋ]

169. Los ríos

río (m)	rivier	[rifir]
manantial (m)	bron	[bron]
lecho (m) (curso de agua)	rivierbed	[rifir·bet]
cuenca (f) fluvial	stroomgebied	[stroəm·χebit]
desembocar en ...	uitmond in ...	[œitmont in ...]

afluente (m)	syrivier	[saj·rifir]
ribera (f)	oewer	[uvər]

corriente (f)	stroming	[stromiŋ]
río abajo (adv)	stroomafwaarts	[stroəm·afvārts]
río arriba (adv)	stroomopwaarts	[stroəm·opvārts]

inundación (f)	oorstroming	[oərstromiŋ]
riada (f)	oorstroming	[oərstromiŋ]
desbordarse (vr)	oor sy walle loop	[oər saj vallə loəp]
inundar (vt)	oorstroom	[oərstroəm]

bajo (m) arenoso	sandbank	[sand·bank]
rápido (m)	stroomversnellings	[stroəm·fersnεlliŋs]

presa (f)	damwal	[dam·wal]
canal (m)	kanaal	[kanāl]
lago (m) artificiale	opgaardam	[opχār·dam]
esclusa (f)	sluis	[slœis]
cuerpo (m) de agua	dam	[dam]
pantano (m)	moeras	[muras]

| ciénaga (m) | vlei | [flæj] |
| remolino (m) | draaikolk | [drãj·kolk] |

arroyo (m)	spruit	[sprœit]
potable (adj)	drink-	[drink-]
dulce (agua ~)	vars	[fars]

| hielo (m) | ys | [ajs] |
| helarse (el lago, etc.) | bevries | [befris] |

170. El bosque

| bosque (m) | bos | [bos] |
| de bosque (adj) | bos- | [bos-] |

espesura (f)	woud	[væʊt]
bosquecillo (m)	boord	[boərt]
claro (m)	oopte	[oəptə]

| maleza (f) | struikgewas | [strœik·χevas] |
| matorral (m) | struikveld | [strœik·fɛlt] |

| senda (f) | paadjie | [pãdʒi] |
| barranco (m) | donga | [donχa] |

árbol (m)	boom	[boəm]
hoja (f)	blaar	[blãr]
follaje (m)	blare	[blarə]

caída (f) de hojas	val van die blare	[fal fan di blarə]
caer (las hojas)	val	[fal]
cima (f)	boomtop	[boəm·top]

rama (f)	tak	[tak]
rama (f) (gruesa)	tak	[tak]
brote (m)	knop	[knop]
aguja (f)	naald	[nãlt]
piña (f)	dennebol	[dɛnnə·bol]

agujero (m)	holte	[holtə]
nido (m)	nes	[nes]
madriguera (f)	gat	[χat]

tronco (m)	stam	[stam]
raíz (f)	wortel	[vortəl]
corteza (f)	bas	[bas]
musgo (m)	mos	[mos]

extirpar (vt)	ontwortel	[ontwortəl]
talar (vt)	omkap	[omkap]
deforestar (vt)	ontbos	[ontbos]
tocón (m)	boomstomp	[boəm·stomp]
hoguera (f)	kampvuur	[kampfɪr]
incendio (m)	bosbrand	[bos·brant]

apagar (~ el incendio)	**blus**	[blus]
guarda (m) forestal	**boswagter**	[bos·waχtər]
protección (f)	**beskerming**	[beskermiŋ]
proteger (vt)	**beskerm**	[beskerm]
cazador (m) furtivo	**wildstroper**	[vilt·stropər]
cepo (m)	**slagyster**	[slaχ·ajstər]
recoger (setas, bayas)	**pluk**	[pluk]
perderse (vr)	**verdwaal**	[ferdwãl]

171. Los recursos naturales

recursos (m pl) naturales	**natuurlike bronne**	[natɪrlikə bronnə]
minerales (m pl)	**minerale**	[mineralə]
depósitos (m pl)	**lae**	[laə]
yacimiento (m)	**veld**	[fɛlt]
extraer (vt)	**myn**	[majn]
extracción (f)	**myn**	[majn]
mineral (m)	**erts**	[ɛrts]
mina (f)	**myn**	[majn]
pozo (m) de mina	**mynskag**	[majn·skaχ]
minero (m)	**mynwerker**	[majn·werkər]
gas (m)	**gas**	[χas]
gasoducto (m)	**gaspyp**	[χas·pajp]
petróleo (m)	**olie**	[oli]
oleoducto (m)	**olipypleiding**	[oli·pajp·læjdiŋ]
torre (f) petrolera	**oliebron**	[oli·bron]
torre (f) de sondeo	**boortoring**	[boər·toriŋ]
petrolero (m)	**tenkskip**	[tɛnk·skip]
arena (f)	**sand**	[sant]
caliza (f)	**kalksteen**	[kalksteən]
grava (f)	**gruis**	[χrœis]
turba (f)	**veengrond**	[feənχront]
arcilla (f)	**klei**	[klæj]
carbón (m)	**steenkool**	[steən·koəl]
hierro (m)	**yster**	[ajstər]
oro (m)	**goud**	[χæʊt]
plata (f)	**silwer**	[silwər]
níquel (m)	**nikkel**	[nikkəl]
cobre (m)	**koper**	[kopər]
zinc (m)	**sink**	[sink]
manganeso (m)	**mangaan**	[manχãn]
mercurio (m)	**kwik**	[kwik]
plomo (m)	**lood**	[loət]
mineral (m)	**mineraal**	[minerãl]
cristal (m)	**kristal**	[kristal]
mármol (m)	**marmer**	[marmər]
uranio (m)	**uraan**	[urãn]

La tierra. Unidad 2

172. El tiempo

tiempo (m)	weer	[veər]
previsión (m) del tiempo	weersvoorspelling	[veərs·foərspɛliŋ]
temperatura (f)	temperatuur	[temperatɪr]
termómetro (m)	termometer	[termometər]
barómetro (m)	barometer	[barometər]
húmedo (adj)	klam	[klam]
humedad (f)	vogtigheid	[foχtiχæjt]
bochorno (m)	hitte	[hittə]
tórrido (adj)	heet	[heət]
hace mucho calor	dis vrekwarm	[dis frekvarm]
hace calor (templado)	dit is warm	[dit is varm]
templado (adj)	louwarm	[læʊvarm]
hace frío	dis koud	[dis kæʊt]
frío (adj)	koud	[kæʊt]
sol (m)	son	[son]
brillar (vi)	skyn	[skajn]
soleado (un día ~)	sonnig	[sonnəχ]
elevarse (el sol)	opkom	[opkom]
ponerse (vr)	ondergaan	[ondərχān]
nube (f)	wolk	[volk]
nuboso (adj)	bewolk	[bevolk]
nubarrón (m)	reënwolk	[rɛɛn·wolk]
nublado (adj)	somber	[sombər]
lluvia (f)	reën	[rɛɛn]
está lloviendo	dit reën	[dit rɛɛn]
lluvioso (adj)	reënerig	[rɛɛnerəχ]
lloviznar (vi)	motreën	[motrɛɛn]
aguacero (m)	stortbui	[stortbœi]
chaparrón (m)	reënvlaag	[rɛɛn·flāχ]
fuerte (la lluvia ~)	swaar	[swār]
charco (m)	poeletjie	[puləki]
mojarse (vr)	nat word	[nat vort]
niebla (f)	mis	[mis]
nebuloso (adj)	mistig	[mistəχ]
nieve (f)	sneeu	[sniʊ]
está nevando	dit sneeu	[dit sniʊ]

173. Los eventos climáticos severos. Los desastres naturales

tormenta (f)	donderstorm	[dondər·storm]
relámpago (m)	weerlig	[veərləχ]
relampaguear (vi)	flits	[flits]
trueno (m)	donder	[dondər]
tronar (vi)	donder	[dondər]
está tronando	dit donder	[dit dondər]
granizo (m)	hael	[haəl]
está granizando	dit hael	[dit haəl]
inundar (vt)	oorstroom	[oərstroəm]
inundación (f)	oorstroming	[oərstromiŋ]
terremoto (m)	aardbewing	[ārd·beviŋ]
sacudida (f)	aardskok	[ārd·skok]
epicentro (m)	episentrum	[ɛpisentrum]
erupción (f)	uitbarsting	[œitbarstiŋ]
lava (f)	lawa	[lava]
torbellino (m), tornado (m)	tornado	[tornado]
tifón (m)	tifoon	[tifoən]
huracán (m)	orkaan	[orkān]
tempestad (f)	storm	[storm]
tsunami (m)	tsunami	[tsunami]
ciclón (m)	sikloon	[sikloən]
mal tiempo (m)	slegte weer	[sleχtə veər]
incendio (m)	brand	[brant]
catástrofe (f)	ramp	[ramp]
meteorito (m)	meteoriet	[meteorit]
avalancha (f)	lawine	[lavinə]
alud (m) de nieve	sneeulawine	[sniu·lavinə]
ventisca (f)	sneeustorm	[sniu·storm]
nevasca (f)	sneeustorm	[sniu·storm]

La fauna

174. Los mamíferos. Los predadores

carnívoro (m)	roofdier	[roəf·dir]
tigre (m)	tier	[tir]
león (m)	leeu	[liʊ]
lobo (m)	wolf	[volf]
zorro (m)	vos	[fos]
jaguar (m)	jaguar	[jaχuar]
leopardo (m)	luiperd	[lœipert]
guepardo (m)	jagluiperd	[jaχ·lœipert]
pantera (f)	swart luiperd	[swart lœipert]
puma (f)	poema	[puma]
leopardo (m) de las nieves	sneeuluiperd	[sniʊ·lœipert]
lince (m)	los	[los]
coyote (m)	prêriewolf	[præri·volf]
chacal (m)	jakkals	[jakkals]
hiena (f)	hiëna	[hiɛna]

175. Los animales salvajes

animal (m)	dier	[dir]
bestia (f)	beest	[beəst]
ardilla (f)	eekhoring	[eəkhoriŋ]
erizo (m)	krimpvarkie	[krimpfarki]
liebre (f)	hasie	[hasi]
conejo (m)	konyn	[konajn]
tejón (m)	das	[das]
mapache (m)	wasbeer	[vasbeər]
hámster (m)	hamster	[hamstər]
marmota (f)	marmot	[marmot]
topo (m)	mol	[mol]
ratón (m)	muis	[mœis]
rata (f)	rot	[rot]
murciélago (m)	vlermuis	[fler·mœis]
armiño (m)	hermelyn	[herməlajn]
cebellina (f)	sabel, sabeldier	[sabəl], [sabəl·dir]
marta (f)	marter	[martər]
comadreja (f)	wesel	[vesəl]
visón (m)	nerts	[nerts]

castor (m)	bewer	[bevər]
nutria (f)	otter	[ottər]

caballo (m)	perd	[pert]
alce (m)	eland	[ɛlant]
ciervo (m)	hert	[hert]
camello (m)	kameel	[kameəl]

bisonte (m)	bison	[bison]
uro (m)	wisent	[visent]
búfalo (m)	buffel	[buffəl]

cebra (f)	sebra, kwagga	[sebra], [kwaχχa]
antílope (m)	wildsbok	[vilds·bok]
corzo (m)	reebok	[reəbok]
gamo (m)	damhert	[damhert]
gamuza (f)	gems	[χems]
jabalí (m)	wildevark	[vildə·fark]

ballena (f)	walvis	[valfis]
foca (f)	seehond	[seə·hont]
morsa (f)	walrus	[valrus]
oso (m) marino	seebeer	[seə·beər]
delfín (m)	dolfyn	[dolfajn]

oso (m)	beer	[beər]
oso (m) blanco	ysbeer	[ajs·beər]
panda (f)	panda	[panda]

mono (m)	aap	[āp]
chimpancé (m)	sjimpansee	[ʃimpaŋseə]
orangután (m)	orangoetang	[oranχutaŋ]
gorila (m)	gorilla	[χorilla]
macaco (m)	makaak	[makāk]
gibón (m)	gibbon	[χibbon]

elefante (m)	olifant	[olifant]
rinoceronte (m)	renoster	[renostər]
jirafa (f)	kameelperd	[kameəl·pert]
hipopótamo (m)	seekoei	[seə·kui]

canguro (m)	kangaroe	[kanχaru]
koala (f)	koala	[koala]

mangosta (f)	muishond	[mœis·hont]
chinchilla (f)	chinchilla, tjintjilla	[tʃin·tʃila]
mofeta (f)	stinkmuishond	[stinkmœis·hont]
espín (m)	ystervark	[ajstər·fark]

176. Los animales domésticos

gata (f)	kat	[kat]
gato (m)	kater	[katər]
perro (m)	hond	[hont]

caballo (m)	perd	[pert]
garañón (m)	hings	[hiŋs]
yegua (f)	merrie	[merri]

vaca (f)	koei	[kui]
toro (m)	bul	[bul]
buey (m)	os	[os]

oveja (f)	skaap	[skāp]
carnero (m)	ram	[ram]
cabra (f)	bok	[bok]
cabrón (m)	bokram	[bok·ram]

| asno (m) | donkie, esel | [donki], [eisəl] |
| mulo (m) | muil | [mœil] |

cerdo (m)	vark	[fark]
cerdito (m)	varkie	[farki]
conejo (m)	konyn	[konajn]

| gallina (f) | hoender, hen | [hundər], [hen] |
| gallo (m) | haan | [hān] |

pato (m)	eend	[eent]
ánade (m)	mannetjieseend	[mannekis·eent]
ganso (m)	gans	[χaŋs]

| pavo (m) | kalkoenmannetjie | [kalkun·manneki] |
| pava (f) | kalkoen | [kalkun] |

animales (m pl) domésticos	huisdiere	[hœis·dirə]
domesticado (adj)	mak	[mak]
domesticar (vt)	mak maak	[mak māk]
criar (vt)	teel	[teəl]

granja (f)	plaas	[plās]
aves (f pl) de corral	pluimvee	[plœimfeə]
ganado (m)	beeste	[beestə]
rebaño (m)	kudde	[kuddə]

caballeriza (f)	stal	[stal]
porqueriza (f)	varkstal	[fark·stal]
vaquería (f)	koeistal	[kui·stal]
conejal (m)	konynehok	[konajnə·hok]
gallinero (m)	hoenderhok	[hundər·hok]

177. Los perros. Las razas de perros

perro (m)	hond	[hont]
perro (m) pastor	herdershond	[herdərs·hont]
pastor (m) alemán	**Duitse herdershond**	[dœitsə herdərs·hont]
caniche (m), poodle (m)	poedel	[pudəl]
teckel (m)	worshond	[vors·hont]
buldog (m)	bulhond	[bul·hont]

bóxer (m)	bokser	[boksər]
mastín (m) inglés	mastiff	[mastif]
rottweiler (m)	Rottweiler	[rottwæjlər]
dóberman (m)	Dobermann	[dobermann]

basset hound (m)	basset	[basset]
Bobtail (m)	bobtail	[bobtajl]
dálmata (m)	Dalmatiese hond	[dalmatisə hont]
cocker spaniel (m)	sniphond	[snip·hont]

Terranova (m)	Newfoundlander	[njufæʊntlandər]
san bernardo (m)	Sint Bernard	[sint bernart]

husky (m)	poolhond, husky	[pulhont], [huski]
chow chow (m)	chowchow	[tʃau·tʃau]
pomerania (m)	spitshond	[spits·hont]
pug (m), carlino (m)	mopshond	[mops·hont]

178. Los sonidos de los animales

ladrido (m)	geblaf	[χeblaf]
ladrar (vi)	blaf	[blaf]
maullar (vi)	miaau	[miãu]
ronronear (vi)	spin	[spin]

mugir (vi)	loei	[lui]
bramar (toro)	bulk	[bulk]
rugir (vi)	grom	[χrom]

aullido (m)	gehuil	[χehœil]
aullar (vi)	huil	[hœil]
gañir (vi)	tjank	[tʃank]

balar (vi)	blêr	[blær]
gruñir (cerdo)	snork	[snork]
chillar (vi)	gil	[χil]

croar (vi)	kwaak	[kwãk]
zumbar (vi)	zoem	[zum]
chirriar (vi)	kriek	[krik]

179. Los pájaros

pájaro (m)	voël	[foɛl]
paloma (f)	duif	[dœif]
gorrión (m)	mossie	[mossi]
paro (m)	mees	[meəs]
cotorra (f)	ekster	[ɛkstər]

cuervo (m)	raaf	[rãf]
corneja (f)	kraai	[krãi]
chova (f)	kerkkraai	[kerk·krãi]

grajo (m)	roek	[ruk]
pato (m)	eend	[eent]
ganso (m)	gans	[χaŋs]
faisán (m)	fisant	[fisant]

águila (f)	arend	[arɛnt]
azor (m)	sperwer	[sperwər]
halcón (m)	valk	[falk]

| buitre (m) | aasvoël | [āsfoɛl] |
| cóndor (m) | kondor | [kondor] |

cisne (m)	swaan	[swān]
grulla (f)	kraanvoël	[krān·foɛl]
cigüeña (f)	ooievaar	[ojefār]

loro (m), papagayo (m)	papegaai	[papəχāi]
colibrí (m)	kolibrie	[kolibri]
pavo (m) real	pou	[pæʊ]

| avestruz (m) | volstruis | [folstrœis] |
| garza (f) | reier | [ræjer] |

| flamenco (m) | flamink | [flamink] |
| pelícano (m) | pelikaan | [pelikān] |

| ruiseñor (m) | nagtegaal | [naχteχāl] |
| golondrina (f) | swael | [swaəl] |

tordo (m)	lyster	[lajstər]
zorzal (m)	sanglyster	[saŋlajstər]
mirlo (m)	merel	[merəl]

vencejo (m)	windswael	[vindswaəl]
alondra (f)	lewerik	[leverik]
codorniz (f)	kwartel	[kwartəl]

pico (m)	speg	[speχ]
cuco (m)	koekoek	[kukuk]
lechuza (f)	uil	[œil]
búho (m)	ooruil	[oərœil]
urogallo (m)	auerhoen	[ɔuer·hun]

| gallo lira (m) | korhoen | [korhun] |
| perdiz (f) | patrys | [patrajs] |

estornino (m)	spreeu	[spriʊ]
canario (m)	kanarie	[kanari]
ortega (f)	bonasa hoen	[bonasa hun]

| pinzón (m) | gryskoppie | [χrajskoppi] |
| camachuelo (m) | bloedvink | [bludfink] |

gaviota (f)	seemeeu	[seəmiʊ]
albatros (m)	albatros	[albatros]
pingüino (m)	pikkewyn	[pikkəvajn]

180. Los pájaros. El canto y los sonidos

cantar (vi)	fluit	[flœit]
gritar, llamar (vi)	roep	[rup]
cantar (el gallo)	kraai	[krãi]
quiquiriquí (m)	koekelekoe	[kukeleku]
cloquear (vi)	kekkel	[kɛkkəl]
graznar (vi)	kras	[kras]
graznar, parpar (vi)	kwaak	[kwãk]
piar (vi)	piep	[pip]
gorjear (vi)	tjilp	[ʧilp]

181. Los peces. Los animales marinos

brema (f)	brasem	[brasem]
carpa (f)	karp	[karp]
perca (f)	baars	[bãrs]
siluro (m)	katvis, seebaber	[katfis], [seə·babər]
lucio (m)	snoek	[snuk]
salmón (m)	salm	[salm]
esturión (m)	steur	[støər]
arenque (m)	haring	[hariŋ]
salmón (m) del Atlántico	atlantiese salm	[atlantisə salm]
caballa (f)	makriel	[makril]
lenguado (m)	platvis	[platfis]
lucioperca (m)	varswatersnoek	[farswatər·snuk]
bacalao (m)	kabeljou	[kabeljæʊ]
atún (m)	tuna	[tuna]
trucha (f)	forel	[forəl]
anguila (f)	paling	[paliŋ]
tembladera (f)	drilvis	[drilfis]
morena (f)	bontpaling	[bontpaliŋ]
piraña (f)	piranha	[piranha]
tiburón (m)	haai	[hãi]
delfín (m)	dolfyn	[dolfajn]
ballena (f)	walvis	[valfis]
centolla (f)	krap	[krap]
medusa (f)	jellievis	[jelli·fis]
pulpo (m)	seekat	[seə·kat]
estrella (f) de mar	seester	[seə·stər]
erizo (m) de mar	see-egel, seekastaiing	[seə·eχel], [seə·kastajiŋ]
caballito (m) de mar	seeperdjie	[seə·perʤi]
ostra (f)	oester	[ustər]
camarón (m)	garnaal	[χarnãl]

| bogavante (m) | kreef | [kreəf] |
| langosta (f) | seekreef | [seə·kreəf] |

182. Los anfibios. Los reptiles

| serpiente (f) | slang | [slaŋ] |
| venenoso (adj) | giftig | [χiftəχ] |

víbora (f)	adder	[addər]
cobra (f)	kobra	[kobra]
pitón (m)	luislang	[lœislaŋ]
boa (f)	boa, konstriktorslang	[boa], [kɔŋstriktor·slaŋ]

culebra (f)	ringslang	[riŋ·slaŋ]
serpiente (m) de cascabel	ratelslang	[ratəl·slaŋ]
anaconda (f)	anakonda	[anakonda]

lagarto (f)	akkedis	[akkedis]
iguana (f)	leguaan	[leχuãn]
varano (m)	likkewaan	[likkevãn]
salamandra (f)	salamander	[salamandər]
camaleón (m)	verkleurmannetjie	[ferkløər·manneki]
escorpión (m)	skerpioen	[skerpiun]

tortuga (f)	skilpad	[skilpat]
rana (f)	padda	[padda]
sapo (m)	brulpadda	[brul·padda]
cocodrilo (m)	krokodil	[krokodil]

183. Los insectos

insecto (m)	insek	[insek]
mariposa (f)	skoenlapper	[skunlappər]
hormiga (f)	mier	[mir]
mosca (f)	vlieg	[fliχ]
mosquito (m) (picadura de ~)	muskiet	[muskit]
escarabajo (m)	kewer	[kevər]

avispa (f)	perdeby	[perdə·baj]
abeja (f)	by	[baj]
abejorro (m)	hommelby	[homməl·baj]
moscardón (m)	perdevlieg	[perdə·fliχ]

| araña (f) | spinnekop | [spinnə·kop] |
| telaraña (f) | spinnerak | [spinnə·rak] |

libélula (f)	naaldekoker	[nãldə·kokər]
saltamontes (m)	sprinkaan	[sprinkãn]
mariposa (f) nocturna	mot	[mot]

| cucaracha (f) | kakkerlak | [kakkerlak] |
| garrapata (f) | bosluis | [boslœis] |

| pulga (f) | vlooi | [floj] |
| mosca (f) negra | muggie | [muχχi] |

langosta (f)	treksprinkhaan	[trek·sprinkhān]
caracol (m)	slak	[slak]
grillo (m)	kriek	[krik]
luciérnaga (f)	vuurvliegie	[fɪrfliχi]
mariquita (f)	lieweheersbesie	[liveheers·besi]
escarabajo (m) sanjuanero	lentekewer	[lentekevər]

sanguijuela (f)	bloedsuier	[blud·sœiər]
oruga (f)	ruspe	[ruspə]
gusano (m)	erdwurm	[ɛrd·vurm]
larva (f)	larwe	[larvə]

184. Los animales. Las partes del cuerpo

pico (m)	snawel	[snavəl]
alas (f pl)	vlerke	[flerkə]
pata (f)	poot	[poət]
plumaje (m)	vere	[ferə]
pluma (f)	veer	[feər]
penacho (m)	kuif	[kœif]

branquias (f pl)	kiewe	[kivə]
huevas (f pl)	viseiers	[fisæejers]
larva (f)	larwe	[larvə]
aleta (f)	vin	[fin]
escamas (f pl)	skubbe	[skubbə]

colmillo (m)	slagtand	[slaχtant]
garra (f), pata (f)	poot	[poət]
hocico (m)	muil	[mœil]
boca (f)	bek	[bek]
cola (f)	stert	[stert]
bigotes (m pl)	snor	[snor]

| casco (m) (pezuña) | hoef | [huf] |
| cuerno (m) | horing | [horiŋ] |

caparazón (m)	rugdop	[ruχdop]
concha (f) (de moluscos)	skulp	[skulp]
cáscara (f) (de huevo)	eierdop	[æejer·dop]

| pelo (m) (de perro) | pels | [pɛls] |
| piel (f) (de vaca, etc.) | vel | [fəl] |

185. Los animales. El hábitat

hábitat (m)	habitat	[habitat]
migración (f)	migrasie	[miχrasi]
montaña (f)	berg	[berχ]

arrecife (m)	**rif**	[rif]
roca (f)	**rots**	[rots]
bosque (m)	**woud**	[væʊt]
jungla (f)	**oerwoud**	[urwæʊt]
sabana (f)	**veld**	[fɛlt]
tundra (f)	**toendra**	[tundra]
estepa (f)	**steppe**	[stɛppə]
desierto (m)	**woestyn**	[vustajn]
oasis (m)	**oase**	[oasə]
mar (m)	**see**	[seə]
lago (m)	**meer**	[meər]
océano (m)	**oseaan**	[oseān]
pantano (m)	**moeras**	[muras]
de agua dulce (adj)	**varswater**	[fars·vatər]
estanque (m)	**dam**	[dam]
río (m)	**rivier**	[rifir]
cubil (m)	**hol**	[hol]
nido (m)	**nes**	[nes]
agujero (m)	**holte**	[holtə]
madriguera (f)	**gat**	[χat]
hormiguero (m)	**miershoop**	[mirs·hoəp]

La flora

186. Los árboles

árbol (m)	boom	[boəm]
foliáceo (adj)	bladwisselend	[bladwisselent]
conífero (adj)	kegeldraend	[keχɛldraent]
de hoja perenne	immergroen	[immərχrun]
manzano (m)	appelboom	[appɛl·boəm]
peral (m)	peerboom	[peər·boəm]
cerezo (m)	soetkersieboom	[sutkersi·boəm]
guindo (m)	suurkersieboom	[sɪrkersi·boəm]
ciruelo (m)	pruimeboom	[prœimə·boəm]
abedul (m)	berk	[berk]
roble (m)	eik	[æjk]
tilo (m)	lindeboom	[lində·boəm]
pobo (m)	trilpopulier	[trilpopulir]
arce (m)	esdoring	[ɛsdoriŋ]
picea (m)	spar	[spar]
pino (m)	denneboom	[dɛnnə·boəm]
alerce (m)	lorkeboom	[lorkə·boəm]
abeto (m)	den	[den]
cedro (m)	seder	[sedər]
álamo (m)	populier	[populir]
serbal (m)	lysterbessie	[lajstərbɛssi]
sauce (m)	wilger	[vilχər]
aliso (m)	els	[ɛls]
haya (f)	beuk	[bøək]
olmo (m)	olm	[olm]
fresno (m)	esboom	[ɛs·boəm]
castaño (m)	kastaiing	[kastajiŋ]
magnolia (f)	magnolia	[maχnolia]
palmera (f)	palm	[palm]
ciprés (m)	sipres	[sipres]
mangle (m)	wortelboom	[vortəl·boəm]
baobab (m)	kremetart	[kremetart]
eucalipto (m)	bloekom	[blukom]
secoya (f)	mammoetboom	[mammut·boəm]

187. Los arbustos

mata (f)	struik	[strœik]
arbusto (m)	bossie	[bossi]

| vid (f) | wingerdstok | [viŋərd·stok] |
| viñedo (m) | wingerd | [viŋərt] |

frambueso (m)	framboosstruik	[framboəs·strœik]
grosella (f) negra	swartbessiestruik	[swartbɛssi·strœik]
grosellero (f) rojo	rooi aalbessiestruik	[roj ālbɛssi·strœik]
grosellero (m) espinoso	appelliefiestruik	[appɛllifi·strœik]

acacia (f)	akasia	[akasia]
berberís (m)	suurbessie	[sɪr·bɛssi]
jazmín (m)	jasmyn	[jasmajn]

enebro (m)	jenewer	[jenevər]
rosal (m)	roosstruik	[roəs·strœik]
escaramujo (m)	hondsroos	[honds·roəs]

188. Los hongos

seta (f)	paddastoel	[paddastul]
seta (f) comestible	eetbare paddastoel	[eetbarə paddastul]
seta (f) venenosa	giftige paddastoel	[χiftiχə paddastul]
sombrerete (m)	hoed	[hut]
estipe (m)	steel	[steəl]

seta calabaza (f)	Eetbare boleet	[eetbarə boleət]
boleto (m) castaño	rooihoed	[rojhut]
boleto (m) áspero	berkboleet	[berk·boleət]
rebozuelo (m)	dooierswam	[dojer·swam]
rúsula (f)	russula	[russula]

colmenilla (f)	morielje	[morilje]
matamoscas (m)	vlieëswam	[fliɛ·swam]
oronja (f) verde	duiwelsbrood	[dœivɛls·broət]

189. Las frutas. Las bayas

| fruto (m) | vrug | [fruχ] |
| frutos (m pl) | vrugte | [fruχtə] |

manzana (f)	appel	[appəl]
pera (f)	peer	[peər]
ciruela (f)	pruim	[prœim]

fresa (f)	aarbei	[ārbæj]
guinda (f)	suurkersie	[sɪr·kersi]
cereza (f)	soetkersie	[sut·kersi]
uva (f)	druif	[drœif]

frambuesa (f)	framboos	[framboəs]
grosella (f) negra	swartbessie	[swartbɛssi]
grosella (f) roja	rooi aalbessie	[roj ālbɛssi]
grosella (f) espinosa	appelliefie	[appɛllifi]

arándano (m) agrio	bosbessie	[bosbɛssi]
naranja (f)	lemoen	[lemun]
mandarina (f)	nartjie	[narki]
ananás (m)	pynappel	[pajnappəl]
banana (f)	piesang	[pisaŋ]
dátil (m)	dadel	[dadəl]

limón (m)	suurlemoen	[sɪr·lemun]
albaricoque (m)	appelkoos	[appɛlkoəs]
melocotón (m)	perske	[perskə]
kiwi (m)	kiwi, kiwivrug	[kivi], [kivi·fruχ]
pomelo (m)	pomelo	[pomelo]

baya (f)	bessie	[bɛssi]
bayas (f pl)	bessies	[bɛssis]
arándano (m) rojo	pryselbessie	[prajsɛlbɛssi]
fresa (f) silvestre	wilde aarbei	[vildə ārbæj]
arándano (m)	bloubessie	[blæʊbɛssi]

190. Las flores. Las plantas

| flor (f) | blom | [blom] |
| ramo (m) de flores | boeket | [buket] |

rosa (f)	roos	[roəs]
tulipán (m)	tulp	[tulp]
clavel (m)	angelier	[anχəlir]
gladiolo (m)	swaardlelie	[swārd·leli]

aciano (m)	koringblom	[koriŋblom]
campanilla (f)	grasklokkie	[χras·klokki]
diente (m) de león	perdeblom	[perdə·blom]
manzanilla (f)	kamille	[kamillə]

áloe (m)	aalwyn	[ālwajn]
cacto (m)	kaktus	[kaktus]
ficus (m)	rubberplant	[rubbər·plant]

azucena (f)	lelie	[leli]
geranio (m)	malva	[malfa]
jacinto (m)	hiasint	[hiasint]

mimosa (f)	mimosa	[mimosa]
narciso (m)	narsing	[narsiŋ]
capuchina (f)	kappertjie	[kapperki]

orquídea (f)	orgidee	[orχideə]
peonía (f)	pinksterroos	[pinkstər·roəs]
violeta (f)	viooltjie	[fioəlki]

trinitaria (f)	gesiggie	[χesiχi]
nomeolvides (f)	vergeet-my-nietjie	[ferχeət-maj-niki]
margarita (f)	madeliefie	[madelifi]
amapola (f)	papawer	[papavər]

cáñamo (m)	hennep	[hɛnnəp]
menta (f)	kruisement	[krœisəment]
muguete (m)	dallelie	[dalleli]
campanilla (f) de las nieves	sneeuklokkie	[sniʊ·klokki]
ortiga (f)	brandnetel	[brant·netəl]
acedera (f)	veldsuring	[fɛltsuriŋ]
nenúfar (m)	waterlelie	[vatər·leli]
helecho (m)	varing	[fariŋ]
liquen (m)	korsmos	[korsmos]
invernadero (m) tropical	broeikas	[bruikas]
césped (m)	grasperk	[χras·perk]
macizo (m) de flores	blombed	[blom·bet]
planta (f)	plant	[plant]
hierba (f)	gras	[χras]
hoja (f) de hierba	grasspriet	[χras·sprit]
hoja (f)	blaar	[blãr]
pétalo (m)	kroonblaar	[kroən·blãr]
tallo (m)	stingel	[stiŋəl]
tubérculo (m)	knol	[knol]
retoño (m)	saailing	[sãjliŋ]
espina (f)	doring	[doriŋ]
florecer (vi)	bloei	[blui]
marchitarse (vr)	verlep	[ferlep]
olor (m)	reuk	[røək]
cortar (vt)	sny	[snaj]
coger (una flor)	pluk	[pluk]

191. Los cereales, los granos

grano (m)	graan	[χrãn]
cereales (m pl) (plantas)	graangewasse	[χrãn·χəwassə]
espiga (f)	aar	[ãr]
trigo (m)	koring	[koriŋ]
centeno (m)	rog	[roχ]
avena (f)	hawer	[havər]
mijo (m)	gierst	[χirst]
cebada (f)	gars	[χars]
maíz (m)	mielie	[mili]
arroz (m)	rys	[rajs]
alforfón (m)	bokwiet	[bokwit]
guisante (m)	ertjie	[ɛrki]
fréjol (m)	nierboon	[nir·boən]
soya (f)	soja	[soja]
lenteja (f)	lensie	[lɛŋsi]
habas (f pl)	boontjies	[boənkis]

GEOGRAFÍA REGIONAL

Los países. Las nacionalidades

192. La política. El gobierno. Unidad 1

política (f)	politiek	[politik]
político (adj)	politieke	[politikə]
político (m)	politikus	[politikus]
Estado (m)	staat	[stāt]
ciudadano (m)	burger	[burgər]
ciudadanía (f)	burgerskap	[burgərskap]
escudo (m) nacional	nasionale wapen	[naʃionalə vapen]
himno (m) nacional	volkslied	[folkslit]
gobierno (m)	regering	[reχeriŋ]
jefe (m) de estado	staatshoof	[stāts·hoəf]
parlamento (m)	parlement	[parlement]
partido (m)	partij	[partij]
capitalismo (m)	kapitalisme	[kapitalismə]
capitalista (adj)	kapitalis	[kapitalis]
socialismo (m)	sosialisme	[soʃialisme]
socialista (adj)	sosialis	[soʃialis]
comunismo (m)	kommunisme	[kommunismə]
comunista (adj)	kommunis	[kommunis]
comunista (m)	kommunis	[kommunis]
democracia (f)	demokrasie	[demokrasi]
demócrata (m)	demokraat	[demokrāt]
democrático (adj)	demokraties	[demokratis]
partido (m) democrático	Demokratiese party	[demokratisə partaj]
liberal (m)	liberaal	[liberāl]
liberal (adj)	liberaal	[liberāl]
conservador (m)	konservatief	[konserfatif]
conservador (adj)	konservatief	[konserfatif]
república (f)	republiek	[republik]
republicano (m)	republikein	[republikæjn]
partido (m) republicano	Republikeinse Party	[republikæjnsə partaj]
elecciones (f pl)	verkiesings	[ferkisiŋs]
elegir (vi)	verkies	[ferkis]

elector (m)	kieser	[kisər]
campaña (f) electoral	verkiesingskampanje	[ferkisiŋs·kampanje]
votación (f)	stemming	[stɛmmiŋ]
votar (vi)	stem	[stem]
derecho (m) a voto	stemreg	[stem·reχ]
candidato (m)	kandidaat	[kandidãt]
campaña (f)	kampanje	[kampanje]
de oposición (adj)	opposisie	[opposisi]
oposición (f)	opposisie	[opposisi]
visita (f)	besoek	[besuk]
visita (f) oficial	amptelike besoek	[amptelikə besuk]
internacional (adj)	internasionaal	[internaʃionãl]
negociaciones (f pl)	onderhandelinge	[ondərhandeliŋə]
negociar (vi)	onderhandel	[ondərhandəl]

193. La política. El gobierno. Unidad 2

sociedad (f)	samelewing	[sameleviŋ]
constitución (f)	grondwet	[χront·wet]
poder (m)	mag	[maχ]
corrupción (f)	korrupsie	[korrupsi]
ley (f)	wet	[vet]
legal (adj)	wetlik	[vetlik]
justicia (f)	geregtigheid	[χereχtiχæjt]
justo (adj)	regverdig	[reχferdəχ]
comité (m)	komitee	[komiteə]
proyecto (m) de ley	wetsontwerp	[vetsontwerp]
presupuesto (m)	begroting	[beχrotiŋ]
política (f)	beleid	[belæjt]
reforma (f)	hervorming	[herformiŋ]
radical (adj)	radikaal	[radikãl]
potencia (f) (~ militar, etc.)	mag	[maχ]
poderoso (adj)	magtig	[maχtəχ]
partidario (m)	ondersteuner	[ondərstøənər]
influencia (f)	invloed	[influt]
régimen (m)	bewind	[bevint]
conflicto (m)	konflik	[konflik]
complot (m)	sameswering	[samesweriŋ]
provocación (f)	uitdaging	[œitdaχiŋ]
derrocar (al régimen)	omvergooi	[omferχoj]
derrocamiento (m)	omvergooi	[omferχoj]
revolución (f)	revolusie	[refolusi]
golpe (m) de estado	staatsgreep	[stãts·χreəp]

golpe (m) militar	militêre staatsgreep	[militærə stãtsχreəp]
crisis (m)	krisis	[krisis]
recesión (f) económica	ekonomiese agteruitgang	[ɛkonomisə aχtər·œitχaŋ]
manifestante (m)	betoër	[betoɛr]
manifestación (f)	demonstrasie	[demoŋstrasi]
ley (m) marcial	krygswet	[krajχs·wet]
base (f) militar	militêre basis	[militærə basis]

estabilidad (f)	stabiliteit	[stabilitæjt]
estable (adj)	stabiel	[stabil]

explotación (f)	uitbuiting	[œitbœitiŋ]
explotar (vt)	uitbuit	[œitbœit]

racismo (m)	rassisme	[rassismə]
racista (m)	rassis	[rassis]
fascismo (m)	fascisme	[faʃismə]
fascista (m)	fascis	[faʃis]

194. Los países. Miscelánea

extranjero (m)	vreemdeling	[freəmdeliŋ]
extranjero (adj)	vreemd	[freəmt]
en el extranjero	in die buiteland	[in di bœitəlant]

emigrante (m)	emigrant	[ɛmiχrant]
emigración (f)	emigrasie	[ɛmiχrasi]
emigrar (vi)	emigreer	[ɛmiχreər]

Oeste (m)	die Weste	[di vestə]
Este (m)	die Ooste	[di oəstə]
Extremo Oriente (m)	die Verre Ooste	[di ferrə oəstə]

civilización (f)	beskawing	[beskaviŋ]
humanidad (f)	mensdom	[mɛŋsdom]
mundo (m)	die wêreld	[di værəlt]
paz (f)	vrede	[fredə]
mundial (adj)	wêreldwyd	[værəlt·wajt]

patria (f)	vaderland	[fadər·lant]
pueblo (m)	volk	[folk]
población (f)	bevolking	[befolkiŋ]
gente (f)	mense	[mɛŋsə]
nación (f)	nasie	[nasi]
generación (f)	generasie	[χenerasi]

territorio (m)	gebied	[χebit]
región (m)	streek	[streək]
estado (m) (parte de un país)	staat	[stãt]

tradición (f)	tradisie	[tradisi]
costumbre (f)	gebruik	[χebrœik]
ecología (f)	ekologie	[ɛkoloχi]
indio (m)	Indiaan	[indiãn]

gitano (m)	Sigeuner	[siχøənər]
gitana (f)	Sigeunerin	[siχøənərin]
gitano (adj)	sigeuner-	[siχøənər-]

imperio (m)	rijk	[rijk]
colonia (f)	kolonie	[koloni]
esclavitud (f)	slawerny	[slavərnaj]
invasión (f)	invasie	[infasi]
hambruna (f)	hongersnood	[hoŋərsnoət]

195. Grupos religiosos principales. Las confesiones

| religión (f) | godsdiens | [χodsdiŋs] |
| religioso (adj) | godsdienstig | [χodsdiŋstəχ] |

creencia (f)	geloof	[χeloəf]
creer (en Dios)	glo	[χlo]
creyente (m)	gelowige	[χeloviχə]

| ateísmo (m) | ateïsme | [ateïsmə] |
| ateo (m) | ateïs | [ateïs] |

cristianismo (m)	Christendom	[χristəndom]
cristiano (m)	Christen	[χristən]
cristiano (adj)	Christelik	[χristəlik]

catolicismo (m)	Katolisisme	[katolisismə]
católico (m)	Katoliek	[katolik]
católico (adj)	katoliek	[katolik]

protestantismo (m)	Protestantisme	[protestantismə]
Iglesia (f) Protestante	Protestantse Kerk	[protestantsə kerk]
protestante (m)	Protestant	[protestant]

Ortodoxia (f)	Ortodoksie	[ortodoksi]
Iglesia (f) Ortodoxa	Ortodokse Kerk	[ortodoksə kerk]
ortodoxo (m)	Ortodoks	[ortodoks]

Presbiterianismo (m)	Presbiterianisme	[presbiterianismə]
Iglesia (f) Presbiteriana	Presbiteriaanse Kerk	[presbiteriãŋsə kerk]
presbiteriano (m)	Presbiteriaan	[presbitəriãn]

| Iglesia (f) Luterana | Lutheranisme | [luteranismə] |
| luterano (m) | Lutheraan | [lutərãn] |

| Iglesia (f) Bautista | Baptistiese Kerk | [baptistisə kerk] |
| bautista (m) | Baptis | [baptis] |

| Iglesia (f) Anglicana | Anglikaanse Kerk | [anχlikãŋsə kerk] |
| anglicano (m) | Anglikaan | [anχlikãn] |

mormonismo (m)	Mormonisme	[mormonismə]
mormón (m)	Mormoon	[mormoən]
judaísmo (m)	Jodendom	[jodɛndom]

judío (m)	Jood	[joət]
Budismo (m)	Boeddhisme	[buddismə]
budista (m)	Boeddhis	[buddis]

| Hinduismo (m) | Hindoeïsme | [hinduïsmə] |
| hinduista (m) | Hindoe | [hindu] |

Islam (m)	Islam	[islam]
musulmán (m)	Islamiet	[islamit]
musulmán (adj)	Islamities	[islamitis]

| chiísmo (m) | Sjia Islam | [ʃia islam] |
| chiita (m) | Sjiït | [ʃiït] |

| sunismo (m) | Sunni Islam | [sunni islam] |
| suní (m, f) | Sunniet | [sunnit] |

196. Las religiones. Los sacerdotes

| sacerdote (m) | priester | [pristər] |
| Papa (m) | die Pous | [di pæus] |

monje (m)	monnik	[monnik]
monja (f)	non	[non]
pastor (m)	pastoor	[pastoər]

abad (m)	ab	[ap]
vicario (m)	priester	[pristər]
obispo (m)	biskop	[biskop]
cardenal (m)	kardinaal	[kardinãl]

predicador (m)	predikant	[predikant]
prédica (f)	preek	[preək]
parroquianos (m pl)	kerkgangers	[kerk·χaŋərs]

| creyente (m) | gelowige | [χeloviχə] |
| ateo (m) | ateïs | [ateïs] |

197. La fé. El cristianismo. El islamismo

| Adán | Adam | [adam] |
| Eva | Eva | [efa] |

Dios (m)	God	[χot]
Señor (m)	die Here	[di herə]
el Todopoderoso	die Almagtige	[di almaχtiχə]

pecado (m)	sonde	[sondə]
pecar (vi)	sondig	[sondəχ]
pecador (m)	sondaar	[sondãr]
pecadora (f)	sondares	[sondares]
infierno (m)	hel	[həl]

paraíso (m)	paradys	[paradajs]
Jesús	Jesus	[jesus]
Jesucristo (m)	Jesus Christus	[jesus χristus]

Espíritu (m) Santo	die Heilige Gees	[di hæjliχə χees]
el Salvador	die Verlosser	[di ferlossər]
la Virgen María	die Maagd Maria	[di mãχt maria]

diablo (m)	die duiwel	[di dœivəl]
diabólico (adj)	duiwels	[dœivɛls]
Satán (m)	Satan	[satan]
satánico (adj)	satanies	[satanis]

ángel (m)	engel	[ɛŋəl]
ángel (m) custodio	beskermengel	[beskerm·eŋəl]
angelical (adj)	engelagtig	[ɛŋəlaχtəχ]

apóstol (m)	apostel	[apostəl]
arcángel (m)	aartsengel	[ãrtseŋəl]
anticristo (m)	die antichris	[di antiχris]

Iglesia (f)	Kerk	[kerk]
Biblia (f)	Bybel	[bajbəl]
bíblico (adj)	bybels	[bajbəls]

Antiguo Testamento (m)	Ou Testament	[æʊ testament]
Nuevo Testamento (m)	Nuwe Testament	[nuvə testament]
Evangelio (m)	evangelie	[ɛfanχəli]
Sagrada Escritura (f)	Heilige Skrif	[hæjliχə skrif]
cielo (m)	hemel	[heməl]

mandamiento (m)	gebod	[χebot]
profeta (m)	profeet	[profeət]
profecía (f)	profesie	[profesi]

Alá	Allah	[allah]
Mahoma	Mohammed	[mohammet]
Corán (m)	die Koran	[di koran]

mezquita (f)	moskee	[moskeə]
mulá (m), mullah (m)	moella	[mulla]
oración (f)	gebed	[χebet]
orar (vi)	bid	[bit]

peregrinación (f)	pelgrimstog	[pɛlχrimstoχ]
peregrino (m)	pelgrim	[pɛlχrim]
La Meca	Mecca	[mɛkka]

iglesia (f)	kerk	[kerk]
templo (m)	tempel	[tempəl]
catedral (f)	katedraal	[katedrãl]
gótico (adj)	Goties	[χotis]
sinagoga (f)	sinagoge	[sinaχoχə]
mezquita (f)	moskee	[moskeə]
capilla (f)	kapel	[kapəl]
abadía (f)	abdy	[abdaj]

convento (m)	**klooster**	[kloəstər]
monasterio (m)	**klooster**	[kloəstər]
campana (f)	**klok**	[klok]
campanario (m)	**kloktoring**	[klok·toriŋ]
sonar (vi)	**lui**	[lœi]
cruz (f)	**kruis**	[krœis]
cúpula (f)	**koepel**	[kupəl]
icono (m)	**ikoon**	[ikoən]
alma (f)	**siel**	[sil]
destino (m)	**noodlot**	[noədlot]
maldad (f)	**die bose**	[di bosə]
bien (m)	**goed**	[χut]
vampiro (m)	**vampier**	[fampir]
bruja (f)	**heks**	[heks]
demonio (m)	**demoon**	[demoən]
espíritu (m)	**gees**	[χees]
redención (f)	**versoening**	[fersuniŋ]
redimir (vt)	**verlos**	[ferlos]
culto (m), misa (f)	**kerkdies**	[kerkdis]
decir misa	**die mis opdra**	[di mis opdra]
confesión (f)	**bieg**	[biχ]
confesarse (vr)	**bieg**	[biχ]
santo (m)	**heilige**	[hæjliχə]
sagrado (adj)	**heilig**	[hæjləχ]
agua (f) santa	**wywater**	[vaj·vatər]
rito (m)	**ritueel**	[ritueəl]
ritual (adj)	**ritueel**	[ritueəl]
sacrificio (m)	**offerande**	[offerandə]
superstición (f)	**bygeloof**	[bajχəloəf]
supersticioso (adj)	**bygelowig**	[bajχəlovəχ]
vida (f) de ultratumba	**hiernamaals**	[hirna·māls]
vida (f) eterna	**ewige lewe**	[ɛviχə levə]

MISCELÁNEA

198. Varias palabras útiles

alto (m) (descanso)	pouse	[pæʊsə]
ayuda (f)	hulp	[hulp]
balance (m)	balans	[balaŋs]
barrera (f)	hindernis	[hindərnis]
base (f) (~ científica)	basis	[basis]
categoría (f)	kategorie	[kateχori]
causa (f)	rede	[redə]
coincidencia (f)	toeval	[tufal]
comienzo (m) (principio)	begin	[beχin]
comparación (f)	vergelyking	[ferχelajkiŋ]
compensación (f)	kompensasie	[kompɛnsasi]
confortable (adj)	gemaklik	[χemaklik]
cosa (f) (objeto)	ding	[diŋ]
crecimiento (m)	groei	[χrui]
desarrollo (m)	ontwikkeling	[ontwikkeliŋ]
diferencia (f)	verskil	[ferskil]
efecto (m)	effek	[ɛffek]
ejemplo (m)	voorbeeld	[foərbeəlt]
elección (f)	keuse	[køəsə]
elemento (m)	element	[ɛlement]
error (m)	fout	[fæʊt]
esfuerzo (m)	inspanning	[inspanniŋ]
estándar (adj)	standaard	[standārt]
estándar (m)	standaard	[standārt]
estilo (m)	styl	[stajl]
fin (m)	einde	[æjndə]
fondo (m) (color de ~)	agtergrond	[aχtərχront]
forma (f) (contorno)	vorm	[form]
frecuente (adj)	gereeld	[χereəlt]
grado (m) (en mayor ~)	graad	[χrāt]
hecho (m)	feit	[fæjt]
ideal (m)	ideaal	[ideāl]
laberinto (m)	labirint	[labirint]
modo (m) (de otro ~)	manier	[manir]
momento (m)	moment	[moment]
objeto (m)	objek	[objek]
obstáculo (m)	hinderpaal	[hindərpāl]
original (m)	origineel	[oriχineəl]
parte (f)	deel	[deəl]

partícula (f)	**deeltjie**	[deəlki]
pausa (f)	**pouse**	[pæʊsə]
posición (f)	**posisie**	[posisi]
principio (m) (tener por ~)	**beginsel**	[beχinsəl]
problema (m)	**probleem**	[probleəm]
proceso (m)	**proses**	[proses]
progreso (m)	**vooruitgang**	[foərœitχaŋ]
propiedad (f) (cualidad)	**eienskap**	[æjeŋskap]
reacción (f)	**reaksie**	[reaksi]
riesgo (m)	**risiko**	[risiko]
secreto (m)	**geheim**	[χəhæjm]
serie (f)	**reeks**	[reəks]
sistema (m)	**sisteem**	[sisteəm]
situación (f)	**toestand**	[tustant]
solución (f)	**oplossing**	[oplossiŋ]
tabla (f) (~ de multiplicar)	**tabel**	[tabəl]
tempo (m) (ritmo)	**tempo**	[tempo]
término (m)	**term**	[term]
tipo (m) (~ de deportes)	**soort**	[soərt]
tipo (m) (no es mi ~)	**tipe**	[tipə]
turno (m) (esperar su ~)	**beurt**	[bøərt]
urgente (adj)	**dringend**	[driŋən]
urgentemente	**dringend**	[driŋən]
utilidad (f)	**nut**	[nut]
variante (f)	**variant**	[fariant]
verdad (f)	**waarheid**	[vãrhæjt]
zona (f)	**sone**	[sonə]

www.ingramcontent.com/pod-product-compliance
Lightning Source LLC
LaVergne TN
LVHW051342080426
835509LV00020BA/3248